시를 써봐도 모자란 당신

시를 써봐도 모자란 당신

이윤학 산문집

간드레

작가의 말

한 사내가 떠난 외동 빌라의 끝 층
픽스창,
무수한 내륙등대 불빛이 모여 있었다

지붕 밑 외벽에 둥지를 튼 제비
한 쌍이 새끼를 기르고 있었다
둥지 밑 폐 전화선에 앉아
서로 거리를 벌리다 좁히다
서로 반대 방향으로 돌아앉기를
반복한 끝에 날이 새고 있었다

오늘은 은둔형 외톨이 사내가 떠난
빈집에 들어가 십 년을 살고 나왔다
책 한 권 들고 어둑해진 골목길
어깨 높이 화단 턱에 걸터앉았다

시를 써봐도 모자란 당신 곁에 앉아
언젠가 불쑥 부르고픈 노래가 있었다

차례

작가의 말

●

1부

곰국은 먹지 않는다 • 13
노랑원추리 군락 • 20
감 • 27
혼자 남은 날들 • 31
시를 써봐도 모자란 당신 • 36
시를 써봐도 모자란 당신 2 • 42
간드레 • 48
거리 좁히기 • 51
먼저 다가가기 • 54
막차로 보낸 사람 • 58
탱자 • 64
그곳으로부터 • 69

2부

내성적인 사랑 • 77

대파 술잔 • 82

긴고랑길 • 85

조새 • 91

낮달 • 95

자기 몸에 부리를 꽂고 사는 새 • 98

불난 몸 • 104

혼술 • 109

해바라기 • 111

붉은 달이 뜨기까지 • 114

내륙등대 • 121

3부

산목련(山木蓮)이 아주 지기 전에 • 125

당신과 가보고 싶은 곳 • 128

내게 죄짓지 않기 • 130

버들강아지 • 134

그리마 • 138

그까짓 거 • 141
스파크 • 145
서울 새벽의 공중전화 • 157
무의식의 세계 • 161
겨울에 지일에 갔다 • 165
CCTV 사각지대 • 170

4부

풀밭으로 • 177
소쩍새 • 181
목이 메는 느낌 • 184
하루의 길이 • 190
갈증 • 194
토란 • 198
고야 • 200
살얼음이 낀 술 • 207
움막 • 210
코스모스 • 213
남천 • 216

1부

나는 내가 아버지의 금광이었음을 되새긴다.
아버지가 내 눈을 들여다보았듯
나는 내 글을 들여다보면서 한 사람의 독자를 상상한다.
이 금광은 내가 죽어서도 얼마간 폐광되지 않기를 바라는 마음이다.
나는 간드렛불을 켜 들고 몸속의 금맥을 따라 나아간다.

곰국은 먹지 않는다

●

　그니에게서 우리 가족 셋과 후배 시인에게 소갈비를 사겠다는 연락이 왔었다. 소갈비를 배불리 먹을 기회가 흔치 않을 때였다. 2호선 전철역에서 합류한 우리 일행은 제법 유명하다는 생고기 식당으로 들어가 참숯불에 소갈비를 구워 술을 곁들여 배불리 먹었다. 두 번째 시집이 나온 직후의 일이었다. 허겁지겁 먹고 나니 숨쉬기조차 불편했다. 카페로 가서 차를 한 잔 마시기로 얘기가 되었다. 자리를 수습하고 밖으로 나가려는데 계산을 마친 그니가 홀서빙하는 아가씨를 불렀다. 우리가 먹은 자리에서 소뼈를 골라 봉지에 담아달라 주문했다. 그니는 이거 살도 발라 먹지 않았는데 집에 가서 푹 과 진하게 국물 내 먹으면 몸에 좋다 하였다. 그때까지 우리는 그니가 싸 가는 줄로만 알았다. 하지만 아가씨에게 봉지를 건네받은 그니가 애 엄마에게 소뼈가 담긴 봉지를 내밀었다.

"이거 집에 가서 피 빼고 약한 불에 푹 과 먹어요. 언제 소고기 다시 먹을지도 모르는데… 안 가져가면 버릴 텐데… 아깝잖아요."

스무 살 겨울 남대문의 면옥에서 아르바이트할 때였다. 식당에서 먹고 자는 직원들끼리 일 끝나고 손님이 먹다 남긴 소고기를 안주로 술을 마시던 새벽이 떠올랐다. 홀서빙한 나는 얼굴도 멀쩡하게 생긴 젊은 놈이 왜 이런 데서 굴러먹냐는 말을 듣고는 하였다. 그래도 술 취한 무례한 손님의 괴롭힘 따위는 참아낼 수 있었다. 하지만 주인의 괴롭힘은 견디기 힘든 고난의 연속이었다. 언제나 웃는 낯으로 '어서 옵쇼.'와 '안녕히 가세요.' '또 오세요.'를 허리 굽혀 읊조려야 하는 것 주방에 빈 그릇이 쌓이면 유니폼을 벗고 주방으로 달려가 설거지하는 것 음식물 쓰레기를 비상계단을 통해 내놔야 하는 것 채소를 다듬고 재료를 손질하는 것 숯불을 피워 나르는 것 등등이 내 몫이었다. 잘 배워놔야 어디 가서든 배 곯지 않는다는 사장 잔소리는 적응이 되지 않았다. 온갖 궂은일은 막내인 내 차지로 돌아왔다. 군말 없이 순순히 따라주자 점점 원하는 것이 많아졌다. 가만히 서 있는 꼴을 보지 못하는 사장은, 멍청히 서 있지만 말고 신발장 손님 구두를 알아서 닦으라고 했다. 어이가 없어 사장 얼굴을 보고 있는데 화가 났는지 얼굴이 울긋불긋해졌다. 비상계단으로 나를 불러낸 사장은 다짜고짜 멱살을 잡고는 욕지거리를 내뱉었다. 당장이라도 내리칠 기세로 주먹을 들고는 부르르 떨었다. 나는 그의 얼굴에 머리를 디밀고 말했다. 어째 치시려고? 그래 쳐보시라고. 사장은 어이없다는 듯 말까지 더

들었다. 어이없는 건 나였다. 남해안 여행 경비를 벌기 위해 시작한 아르바이트였다. 한 달만 일하고 그만두려고 했다. 그런데 일이 잘못된 것이었다. 소개해 준 선배 얼굴을 봐서라도 참고 싶었다. 하지만 이런 대우를 받으면서까지 더 일할 수 없다는 판단이 섰다. 오늘 바로 그만둘 테니, 그동안 일한 월급을 달라 했다. 사장은 그럴 순 없다고 했다. 원체 좋은 말로 해서는 들어줄 인간이 아니었다. 꾹꾹 눌러 참으며 담배를 피우고는 영업 끝날 때까지 기다렸다. 계산을 끝낸 사장 부부가 퇴근하고 주류 진열장으로 간 나는 양주를 월급만큼 배낭에 담았다. 진열장을 가리키며 저 양주 오늘 다 먹어도 된다고 동료들에게 말하고는, ○○면옥에서 나왔다. 다음날 남대문 주류상가에 가 양주를 팔아 남해안으로 떠났다.

  차를 마시기로 한 상태였지만 애 엄마는 그럴 기분이 아녔다. 배가 아파 어서 집에 가 쉬고 싶다 하였다. 술기운까지 퍼져 몸이 나른해졌다. 대로변으로 나가 택시를 잡았다. 집이 먼 후배 시인부터 태워 보냈다. 다음으로 집이 먼 그니를 태워 보내려 했는데 굳이 집까지 데려다주고 가겠다 고집을 피웠다. 그러지 않아도 된다. 분명히 거절 의사를 전했는데 그니는 허투루 들었는지 아니면 무시하는지 막무가내였다. 왕복 6차선 대로 2차선까지 나가 택시를 불러세우더니 우리 가족 셋을 뒷자리에 태우고는 자신은 앞자리에 올랐다. 그니의 집은 강남이었고 우리를 태워 집까지 갔다 오면 거리는 족히 두 배로 불어나지만, 그니는 무엇이 그리 즐거운지 연방 웃음을 터뜨렸다. 소갈비를 굽고 남은 소뼈를 담은 봉지를 들고 푹 꽈 먹으면 맛있을 거라 다시 말하였다. 사골은 꽈 먹었지만 갈빗살에 붙은 뼈를 꽈 먹는 걸 보지 못했다. 그니는 국물 잘 우러나게 몇 번 푹 꽈 먹고 개에게 주라는 말도 빠뜨리지 않았다. 애 엄마 보기 민망해진 나는 좌불안석이 되었다. 다섯 살 난 아이는 좀 전에 헤어진 백수가 된 후배 시인을 끌고 문방구에 가 한 보따리 산 장난감을 만지느라 정신없었다. 애 엄마는 입이 반 뼘은 나온 채로 창문에 머리를 대고는 배를 쓸었다. 오랜만에 소고기를 포식해서 그런 거라고 그니가 택시를 세우고는 약국에 들어가 소화제를 사 와 건넸다. 갑자기 애 엄마 표정이 일그러지더니 쿵 머리로 차창을 들이받았다. 당장 욕이 터져 나와도 이상한 것이 없어 보였다. 나는 토할 것 같다고 말하고는, 애 엄마 등을 두드리면서 속으로 기도했다. 조금만 참아라. 곧 대공원 후문사거리가 나오고, 조금만 더 가면 집 앞이었다. 오늘 주인집 가족 여행 갔으니 집에 가서 나에게 기총소사를 퍼부어라. 그니는 골목으로 택시를 안내해 정말 집 앞까지 데려다주었다. 그러고는 대문을 따고 2층으로 올라가 손에 들린 소뼈가 든 봉지를 흔들 때까지 기다려주었다. 그니가 탄 택시가 골목을 빠져나가자 애 엄마는 소뼈봉지를 빼앗아 바닥에 냅다 내동댕이치고는 짓밟았다. 그렇게 하고도 분이 풀리지 않았는지 신발장에서 망치를 꺼내와 소뼈를 내리치고 있었다. 그 아지메 생각만 해도 이가 갈린다! 거실에 자리 잡은 아이는 장난감 부자가 된 터라 단단히 부아가 난 엄마한테는

관심이 없었다. 얼마나 오지게 망치질해대는지 집이 쿵쿵 울려 주저앉을까 걱정이 되었다. 그녀를 진정시킬 방법을 찾던 나는 신발장에서 펀치를 주방에서 스테인리스 절구를 챙겨나갔다. 소뼈는 의외로 단단해 깨기 어려웠다. 망치를 내리치면 빗맞은 소뼈가 멀리 날아갔다. 날아간 소뼈를 주워 펀치에 물려서는 그녀의 망치 아래 먹여주었다. 잘근잘근 바순 다음 절구에 넣고 곱게 빻아야 직성이 풀리지 싶었다. 그녀는 뜨거운 숨을 뿜어 앞머리를 날리고는 망치질을 이어 나갔다. 펀치 손잡이를 잡은 손을 망치로 내리칠까 잔뜩 쫄았다. 그녀가 망치질할 때마다 나는 눈을 질끈 감았다. 그랬다. 모든 불화의 원인 제공자는, 쭉 내 쪽이었다. 전세방을 빼 카페를 차리고 단칸방을 월세로 얻어 이사한 볕 안 드는 집이 떠올랐다. 방문 옆에 부엌이 있었다. 애 엄마가 가스 불 켜고 젖병 소독하다 화장실에 간 사이, 걸음마를 시작한 아이가 엄마를 부르며 울다 부엌 가스 불 위 찜통을 잡고 바닥으로 굴렀다. 찜통의 끓는 물을 뒤집어쓴 아이의 자지러드는 울음에 놀란 엄마가 뛰어와 고무통에 담긴 찬물을 끼얹고는 아이를 들쳐 안고 옆에 있는 병원 응급실로 뛰었다. 큰 병원으로 가보라는 말에 내게 전화를 걸었다. 아이는 온몸에 붕대를 감았고 아이 엄마는 바닥에 주저앉아 넋이 나간 채 울먹였다. 치마바지가 흠뻑 젖어 해바라기 그림들 늘어져 있었다. 엠블런스를 타고 강 건너 종합병원으로 내달렸다. 응급실 복도에 대기자가 많았다. 우리는 힘을 합쳐 아이가 누운 침대를 밀고 막무가내 응급실 안으로 들어갔다. 아이는 70% 이상

2도 화상을 입었다. 보호자 서약서에 사인하라는데 확률에 대해 묻게 되었다. 담당 의사의 말이 떨어지자 아이 엄마가 내 품을 파고들었다. 풍랑을 만나 배가 부서졌지만 운 좋게 파선 조각을 잡은 느낌이었다. 아이 엄마 어깨에 손을 올리게 되었는데 뜨거움에 화들짝 놀라 손을 떼고 말았다.

모란시장에서 사 온 강아지도 쫄아 난간 기둥에 밀착해 있었다. 여차하면 1층 정원으로 뛰어내릴 태세였다. 그녀는 7인분 소갈비에서 나온 뼈를 망치로 잘게 부쉈다. 그렇게 하고도 분이 풀리지 않은 모양— 부스러진 소뼈를 절구에 넣고 빻았다. 죽을 끓여 개에게 줄 거라 중얼거린 그녀가 멍청하게 서 있지 말고 어서 들어가 가스 불에 냄비 올리라 했다.

곱게 빻아진 소 갈비뼈와 찹쌀가루를 풀어 죽을 끓였다. 그녀는 분이 조금도 사그라지지 않은 얼굴로 죽을 저으면서 혼잣말하였다.

"그 아지메도 참 불쌍타. 소갈비 잘 사주고 평생 바가지로 욕 먹고살게 생겼네."

적당히 식은 죽을 그릇에 퍼 담은 그녀는 바깥으로 나갔다. 어찌하나 창에 붙어 지켜보았다. 숟가락으로 죽을 떠 후후 분 다음 강아지에게 먹이는 그녀의 등이 보였다. 한결 얇아진 치마바지의 해바라기 그림이 흐려졌다. 눈물을 훔치느라 손에 쥔 숟가락이 그녀 앞을 왕래하고 있었다. 숟가락을 향해 뛰는 강아지를 안아 쓰다듬는 그녀의 중얼거림이 들려왔다.

"네가 오늘 먹을 복이 있었네."
다음에 만났을 때, 그니는 소뼈 잘 과 먹었는지 재차 물었다.

노랑원추리 군락

●

소도 돌팔이 의사 집을 향해 들입다 뛰던 어머니
대숲에 멈춰 서서 절을 하고 손을 비벼 소원을
빌었지 아픈 아이 등에 업고 이끼 낀 돌을 밟고
돌았지 대숲을 헤집은 바람이 골짜기를 훑고
날기를 반복하였지 며느리의 젖이 마르자
할머니는 암자에 가서 밤낮 불공을 드렸지
항아리에 약수를 받아 인 할머니
며느리의 젖이 속히 돌기를 빌었지
쪽박에 항아리 약수를 떠 암자와
단칸방을 물방울로 이어놓았지

—시, 「폐사지(廢寺址)」 전문

잔솔이 자란 소로를 따라 산등선에 오르면 천수만(淺水灣)이 펼쳐졌다. 바닷물에 금가루를 뿌려대는 햇살과 융단을 깐 햇볕이 실눈을 뜨게 하고 완만한 언덕을 타오른 갯바람이 거친 호흡을 진정시켜주었다. 땀 찬 몸은 금방 마르고 계곡으로 흘러내리는 소로를 양팔을 벌리고 날았다. 발길에 황토와 자갈이 흘러내렸다. 그곳에 가면 누군가 마중 나와 반가운 얼굴로 맞아줄 것만 같았다. 아플 때만 생각나는 그 사람 쌍둥이 미루나무 사이 소로에 서서 기다렸다.

오래된 수도관이 부식돼 터졌는지 물이 올라오고 있었다. 계량기 뚜껑을 열고 물을 잠근 다음 콘크리트를 깨고 부동전 밑을 파보았다. 영락없이 부식된 파이프에 구멍이 나 있었다. 30년 가까이 사용했으니 당연히 그럴 만도 하였다. 계곡 깊숙한 곳 옹달샘에 물탱크를 만들고 집까지 땅을 파 쇠 파이프 관을 묻어 약수를 끌어다 먹은 지 오래되었다. 그 일을 혼자 한 아버지는 30년을 속절없이 늙어 온돌에 몸을 지지고 있었다. 두툼한 시멘트로 만들어진 물탱크 뚜껑을 열고 들어가 빗자루로 바닥과 벽을 싹싹 쓸어 물때를 청소하고 나올 때면 아버지가 손을 잡아 끌어올려 주었다. 컴컴한 그곳에 플래시를 비춰주던 아버지였다. 청소를 마치고는 "아버지, 이제 됐어요."라고 말했을 때 물탱크 안 울림이 참 듣기 좋았다. 3대 독자였던 아버지. 그 많던 재산 우리 아버지가 다 절단냈다. 어느 해 투구봉 정상에 올랐을 때 아버지는 할아버지가 절단낸 땅의 경계를 때가 낀 검지 손톱으로 그려주었다. 어느 해 겨울, 먹고살기 힘든 먼 친척 집에 가 술이 거나하게 취한 할아버지는, 아쉬운 대로 나무나 해 때라며 천몇백 평 되는 야산을 주마 약속하고 돌아왔다. 새벽같이 땅문서를 가지러 와 내주었다. 아버지가 국민학교 4학년 때, 오두막집과 산밑의 텃밭만 딸랑 남았다.

어느 해 가을밤이었다. 금광에 함께 다닌 친구를 떠나보낸 아버지는 술에 잔뜩 취해 집으로 오고 있었다. 아버지는 술 마시고 들어오는 날이면 어김없이 일기 검사를 하였다. 다들 마루에 나와 일기장을 들고 서 있었는데 아버지는 대문으로 들어오지 않았다. 어디선가 남자 어른 우는 소리 들려오더니 그 소리 점점 커졌다. 아버지는 삐죽삐죽 억새꽃 핀 산 할머니 산소 앞에 엎드려 서럽게 울었다.

가을밤, 벌어지지 않는 밤송이 속에서
벌레가 운다. 가시를 깎인 봉분 앞에서
누군가 엎드려 절을 한다, 어부바, 어부바, 어부바,
달 뒤편의 반짝이는
고기비늘의 창문들
고기를 굽는 아버지의 먼 친척들
아버지의 얼굴은 달에도 그을린다.
업어봐. 업어봐. 업어봐. 달이

푸른 등 위로 오른다. 달의 얼굴로 수심들이 지나간다.
추억을 파먹는 노랫소리 흘러간다.

―시, 「달에 울다」 전문

　새로운 수도꼭지를 연결할 부동전을 사러 철물점에 가는 길이었다. 길과 접한 산 아래 노랑원추리꽃이 피어있었다. 잡목이 우거져 소로를 가늠하기 힘들었지만 헐벗은 산을 쏘다닌 기억만은 또렷했다. 부동전과 함께 정글 도를 사 집으로 가 수도를 연결했다. 곁에서 지켜보던 어머니가 물이 시원하게 나오자 우리 아들 최고여, 말하고 활짝 웃었다. 그러고는 온돌방으로 가 아버지를 불러와 수도꼭지를 틀어 보였다. 아버지도 활짝 웃었다. 펌프질 우물을 퍼먹던 아주 오래전 감꽃이 떨어진 마당이 떠올랐다. 그때 부모님보다 훨씬 나이 든 나도 따라 웃었다.
　바다를 한 바퀴 돌아오겠다고 말한 나는 노랑원추리꽃이 피어난 소로 입구로 차를 몰았다. 트렁크에서 정글 도를 꺼내 잡목 밑가지를 후리고 소로를 만들어 산으로 들어갔다. 언제부턴가 사람들은 찻길로만 다니게 되었다. 보일러를 놓은 뒤로는 나무를 해 땔감으로 사용하지 않았다. 잔솔들이 지름 50cm 정도는 되게 커 있었다. 어디 딴 세상에서 살다 돌아온 느낌이었다. 소로의 흔적은 찾을 수 없어 가지를 치고 직진하는 수밖에 없었다. 잡목숲은 바람이 통하지 않고 볕이 들지 않아 키만 길쭉한 나무들은 고사해 있었다. 낙엽이 두둑하게 쌓여 품질 좋은 카펫에 올라선 기분이었다. 조금만 더 뚫고 오르면 바다가 보이는 산등선이 나올 것으로 믿었다. 그러나 그게 아니었다. 산등선까지 갔는데 잡목에 가려 바다는 보이지 않았다. 조금만 더 뚫고 내려가면 시누대와 조릿대 숲이 나오지 싶었다. 그곳이 내가 가려고 하는 절 이름도 모르는 폐사지(廢寺址)였다. 누구도 궁금해하지 않는 그곳에 가 층층이 돌을 놓아 탑을 쌓고 싶었다. 아무도 갈 수 없는 길을 가게 해 달라, 내가 아니면 갈 수 없는 길을 가게 해달라 더는 빌고 싶지 않았다. 이제 소로를 내놨으니 노랑원추리꽃이 필 때면 다시 찾아올 수 있게 되기를 바랐다. 내 바람이 금방 통한 것인지 더는 정글 도를 휘두르지 않아도 되었다. 제법 공들여 관리한 무덤까지 길이 나 있었기 때문이다. 묘비석 뒤편 후손의 이름을 훑어보고 알았다. 그가 거기 묻혀 갯바람을 맞고 있었다. 버스에서 내려 이 길을 걸어 계곡 아래로 줄곧 내려가면, 그가 살다 간 서북향 집이 나왔다. 작달막한 키에 지겟다리를 질질 끌고 다니던 그의 걸음걸이가 잊히지 않았다.

　내가 고등학교 1학년 때였다. 그의 큰아들은 대학을 졸업하고 바로 중학교에 발령받았다. 노랑원추리가 군락을 이뤄 꽃을 피우고 있을 때였다. 컬러 TV가 보급된 지 얼마 안 된 시기였다. 토요일 오후, 그의 큰아들과 나는 같은 버스에서 내렸다. 그는 컬러 TV 박스를 힘겹게 끌어 내리고는 시계를 보았다. 장발을 쓸어 넘기는 그의 표정은 뭔가가 잔뜩 꼬인 듯싶었다. 입을 틀어 찍찍 침을 뱉는가 하면 구둣발로 담뱃불을 비틀어 밟아 뭉개고 그것도 모자라 얼굴이 벌겋게 돼서는, "아이 씨발 * 같네."를 연발했다. 밭매는 아줌마 둘이서 그이 말을 하는 걸 들을 수 있었다. 기껏 공부시켜 선생 만들어 놨더니 지 애비 못 잡아먹어 안달하는 것 봐봐. 저게 워디 사람 새끼가 할 짓인가 말여. 저런 밑깔 맞은 개망나니 새끼가 어디서 겨 나왔댜. 그러게 말여. 지 얼굴에 똥칠하는 줄도 모르고 개망나니마냥 날뛰는 것 좀 봐봐라. 어라어라. 저 망나니 새끼 하는 짓 좀 보라니.

단신의 그가 잔뜩 주눅 들어 길가에 지게를 바치고는, 컬러 TV 박스를 올리고 단단히 지게 끈으로 묶어 맸다. 곧이어 그는 지게를 진 채 큰아들의 훈계를 듣느라 고개를 폭 숙였다. 미리 나와서 기다리지 못한 대가를 톡톡히 치르고 있었다. 아줌마들 밭에서 혀를 차기 바빴다. 저게 새끼야 원수야. 몸이 녹아나도록 일해 키워 놨더니 저 지랄이여 지랄이.

폐사지 근처 그의 무덤 주위 노랑원추리꽃이 피었다. 귀를 막고 눈을 감은 그가 지게 다리를 질질 끌면서 언덕을 내려갔다. 입을 벌려 숨만 쉰 그는 벙어리였다. 그의 무덤 주위 노랑원추리가 퍼져 군락을 이루었다. 혼자 들어와 살면서 자신을 돌볼 틈이 없었다. 그의 빈자리 표가 나지 않았다.

잡목이 울창한 숲속을 헤매었다. 예전엔 한눈에 속속들이 들여볼 수 있는 곳이었다. 그러나 이제는 아니었다. 나도 내가 누군지

점점 알 수 없었다. 그런 내가 갓난아이였을 때, 할머니는 항아리를 이고 와 약수를 떠 집까지 이어서 물방울을 뿌렸다 하였다. 한참을 더 내려간 뒤에 돌무더기와 시누대와 조릿대가 뒤덮은 폐사지를 만날 수 있었다. 할머니가 약수를 뜬 웅달샘은 돌무더기 아래 파묻혀 있었다. 낙엽을 긁어내자 이끼 낀 돌이 테두리를 두른 샘의 본래 모습이 드러났다. 장화를 벗어들고 물을 퍼낸 다음 바닥을 긁어내고 물이 차오르기를 기다렸다. 들고 뛴 남자아이는 목이 말라 엎드려 샘물을 벌컥벌컥 마시고는 차가운 샘물에 들어가 앉고 서기를 반복했었다. 오래지 않아 몸이 덜덜 떨리고 입술이 파랬다. 물방울을 뚝뚝 흘리며 밖으로 나와 돌무더기에 누워 몸을 말렸다.

    나는 지금껏 누군가를 위해 간절한 적이 없는 사람이었다. 샘물은 차오르면서 불순물을 걸러낼 수 없어, 천천히 불순물을 가라앉히는 중이었다. 어느새 맑아진 물을 샘 밖으로 흘려보내고 있었다. 망설임 끝에 납작 엎드려 샘물을 입안 가득 담았다. 그동안 많은 걸 물어뜯어 부실해진 치아 뿌리가 쑤셨다. 식겁한 나는 웅달샘 곁에 입을 벌리고 벌렁 누워 더운 바람을 들였다. 돌팔이 의사에게 아픈 이를 뽑으러 가는 남자아이가 눈물이 그렁한 얼굴로 자꾸 돌아보았다.

감

●

　마당의 잔디에 감꽃이 골고루 떨어졌다. 막담배를 꺼내 물고는 담뱃갑을 구겨 들었다. 전구색 LED 백열등을 켜고 데크 난간에 앉아 핸드폰 사진첩을 뒤졌다. 딸아이를 처음 만났을 때가 떠올랐기 때문이다. 강보에 싸인 아이를 안아 든 23년 전 늦봄 나는 30대 초중반이었다. 옛 처가 아랫사랑에 들어가 아이를 처음 만났다. 담배 냄새난다 술 냄새난다 옛 장모 옛 처형에게 쫓겨난 나는 뒤뜰의 돌담 근처 감나무 아래로 가서 담뱃불을 붙였다. 꽃이 떨어진 어린 감들이 까만 탯줄을 달고 나를 내려다보았다. 푸른 날개를 네 개씩 달고 온 천사들이 연초록 얼굴로 내게 처음 웃음을 보냈다.

　아이가 유치원에 갈 무렵이었다. 입주하여 석 달을 채우지 못하고 아파트를 팔아치우고 한옥으로 이사했다. 잠시도 가만있지 못하는 아이 때문만은 아니었다. 베란다에 나가 담배를 피울 때면 원인 모를 서글픔이 몰려왔다. 산으로 향한 시선이 아파트 밑으로 쏠릴 때면 떨어지고 싶은 유혹을 참기 어려웠다. 나만 이런 게 아닐 것이다. 나만 단독에서 살고 싶은 게 아닐 것이다. 혼자 나가 살라는 걸 받아들일 수 없었다. 그리하여 한옥으로 이사를 강행하고 말았다. 그런데 한옥에서 진득하니 살아내지를 못했다. 나는 원룸을 따로 얻어 살아야 하는 은둔형 외톨이였다. 어쩌다 한번 들르는 한옥은 내 명의도 아니었다. 처음에는 아파트보다 좋아 보였는데 점점 애물단지로 전락했다. 비가 새고 쥐와 바퀴벌레가 출몰하고 겨울이면 웃풍이 안팎을 허물었다. 수리에 수리를 거듭했지만, 표가 나지 않았다.

아이는 아파트로 이사 가고 싶어했다. 방 두 칸을 터 만들어준 자기 방에서 아이는 아파트 이사 노래를 지어 불렀다. 아파트로 가면 마음대로 들락거리는 내 출입이 제한받을 것이었다. 아무 때나 불쑥 지가 찾고 싶을 때 들이닥치는 인간을 환영할 사람은, 그곳에는 없을 테니까. 원고를 마무리한 토요일 아침나절부터 낮술을 마신 나는 무턱대고 택시를 탔다. 아이를 만나러 가기 위해서였다. 골목의 초입에 같은 시기에 지어진 한옥을 개조해 들어온 절이 있었다. 대문에서 마당 불상을 앉힌 법당 앞까지 연등이 떠 있었다.

집 앞에 이르러 열쇠를 꺼내 나무 대문을 따고 아이 이름을 불렀다. 아빠다! 아빠 왔다! 순간 집 안에서 우당탕 소리가 들렸다. 아이가 자기 방문을 열어젖히고 거실로 뛰어나와 현관문을 열고는, 붕 떠서, 순식간에 내게 안겼다. 현관문과 마당 사이에 평편한 돌이 깔려있고 돌층계가 있었다. 아이는 붕 떠서 족히 3m는 되는 거리와 높이를 무시하고 내게 날아와 안긴 것이다. 아이는 놀란 나를 진정시키듯 춤을 추기 시작했다. 업히고 목마를 타고도 한참 동안을 멈추지 않았다.

 나는 참 불쌍한 사람이었다. 아이들 클 때 재롱을 지켜보지 못했기 때문이다. 앞으로 무슨 재미가 더 남아 있겠습니까. 아이 엄마가 가정법원 계단을 내려와 손을 그러쥐고는 눈물이 그렁한 얼굴로 내게 한 말이었다. 그래, 나는, 언제나 불행하지 못해 안달 난 사람이었다. 나를 갈굴수록 불행에서 얼마간 벗어난 느낌을 받았고 그래서 묘한 희열을 느끼는 희귀한 족속이었다. 그런 내가 지극히 정상이란 판단을 고수한 건 자존심이 강한 반면 자존감이 바닥인 걸 들키고 싶지 않은 발악이었다.

 마당의 감꽃을 코펠 접시에 주워 담았다. 맥주를 시키면 나오는 뻥튀기 안주같이 생겨 몇 개 집어먹어 보았다. 어느덧 술을 입에 안 댄 지 6개월째로 접어들었다. 갑자기 술의 보급이 끊기자 몸이 늘어지기 시작했다. 거의 41년 만에 처음 있는 일이라 적응을 할 수 없었을 게다. 15살 고1부터 폭음에 길든 몸이었다. 21살 봄 위장에 구멍이 뚫려 수술하고, 퇴원 후 2일 만에 다시 술을 입에 댔다. 죽을병에 걸린 것도 아니면서 술 마실 체력이 아예 고갈된 것도 아니면서 왜? 끝없이 졸음이 몰려오고, 간신히 일어나 밥 먹고 볼일 보고 다시 잠들었다. 흐르는 땀과 앓는 소리 멈출 수 없는 나

날이었다.

  늦은 봄밤이 찾아왔다. 은둔형 외톨이가 마당에 나와 연초록 어린 감을 올려다보았다. 저절로 벌어진 입으로 간신히 숨만 붙어 있는 사람이 되었다. 전화 받을 힘도 없어 오랫동안 핸드폰 전원을 끄고 살았다. 올해도 어김없이 찾아온 천사를 바라보았다. 이제 평생 마실 술을 다 마셨다. 아무리 뜯어말려도 그때는. 그만둘 수가 없었다. 이제는 인생 총량의 법칙에 따라 더는 술을 마실 수 없게 되었다. 아직도 냉장고에 캔맥주가 들어있고 컨테이너에 몇 년간 산에서 채취한 약초로 담근 담금주가 수두룩하지만, 탐하지 않게 되었다.

  네가 내게로 날아든 순간, 불쌍한 나도 내가 수습하지 못할 불행도 사라졌다. 이제는 속이 다 빈 것 같이 입 벌리고 선 돌 항아리가 되었다. 은둔형 외톨이에게 찾아온 네가 세상의 중심에 터를 잡았다. 날갯짓을 멈춘 어린 감이 탯줄을 달고 웃었다. 그때의 네가 언제나 있었다.

혼자 남은 날들

●

하교 후 내게 주어진 유일한 임무는 소에게 풀을 뜯기는 일이었다. 어리다 나를 깔본 암소는 가끔 뒷발질하고 들이받을 것처럼 위협하였다. 그럴 때마다 나는 '어쭈'를 연발했다. 나보다 나이도 어린것이 어른을 몰라본다 이거지. 곧 후회하게 만들어 줄 테다. 소를 몰고 야산의 소로를 따라 풀을 뜯기다 보면 해발 142.5m 투구봉 정상에 이르렀다. 짐승들은 앞다리가 짧고 상대적으로 뒷다리가 길쭉했다. 오르막 오르기는 곧잘 하지만 내리막에서는 젬병이었다. 오르막은 고삐를 잡고 뒤에서 따라가면 되었다. 하지만 내리막이 나오면 소는 겁에 질렸다. 어서 따라오라고 고삐를 당겨도 힘을 주고 버티기 일쑤였다. 그럴 때마다 소는 큰 눈을 더 크게 뜨고 고개를 내두르고 입을 벌렸다. 그럴수록 나는 덩칫값도 못하는 소를 경사 심한 곳으로 끌어내렸다. 소는 겁에 질려 거품이 섞인 침을 흘렸지만 나는 버릇을 단단히 고쳐줄 작정이었다. 소가 버티는 힘을 당해낼 재간이 없었다. 하는 수 없이 고삐를 팽팽히 당겨 소나무 밑동에 단단히 매놓은 나는 소가 항복할 때까지 기다렸다. 얼마 지나지 않아 소는 거친 숨을 코로 뿜으며 음마아 울고 말았다. 산길을 내려오면서 소는 풀을 뜯지 않았다. 놀란 가슴이 진정되지 않은 모양 붉은 눈으로 내 뒤를 따랐다.

    암소가 뜯어먹은 억새풀
    암소 이빨 자국을 밀어붙인다
    암소 이빨 자국을 뿌리에서
    최대한 멀리로 밀어붙인다

    연한 억새풀 억세게
    양날을 세운 칼날에
    톱날을 갈아 세운다

    칼끝이 잘린 칼자루 속으로
    이슬방울이 들어가 숨는다
    이 세상은 칼집인 것이다

―시, 「억새풀」 전문

평지로 내려오자 소는 진정되었는지 풀을 뜯기 시작했다. 머리에 붙은 파리를 쫓느라 고개를 흔들면서 등과 배 궁둥이에 붙은 파리를 쫓느라 꼬리를 휘두르면서 방울 소리를 내려면서 쓱쓱 억새를 뜯었다. 머리와 꼬리가 안 닿는 곳에 파리가 앉으면 소는 금방 알아차리고 그 부분만을 움직여 파리를 쫓았다. 그것이 신기한 나는 파리가 앉으면 가만히 그 부분을 움직이려 했지만 맘대로 되지 않았다. 어떻게 그 부분만을 꼼지락거릴 수 있는지 배우고 싶었다. 하루는 긴 나뭇가지를 꺾어들고 소가죽을 간질였다. 소는 금방 알아차리고 뒷다리를 들이차고 뿔을 앞세우고 달려들어 경고를 보냈다. 그래서 나뭇가지에 강아지풀을 매달아 간질여보았다. 그때야 소가 반응했다. 여기저기 간질이다 결국 소와 눈이 마주치고 말았다. 소는 나를 뚫어져라 쳐다보았다. 심심해진 나는 바닥에 쭈그려 앉아 냇물에 돌을 던지다 바닥에 그림을 그리다 드러누워 하늘을 보고 일어났다. 쓱쓱 혀를 감아 둘러 억새를 뜯어먹는 소리가 자장가로 들려왔다. 아마도 소는 억센 풀을 뜯기 위해 혀에 갑주(甲胄)를 두른 것이리라. 날마다 소에게 풀을 뜯기는 길을 달리했다. 풀이 자랄 때까지 기다려 소를 몰아가곤 했다. 베일까 두려워 사람들은 억새 근처에 가려 하지 않았다. 스치기만 해도 상처가 났기 때문이다. 억새잎 양쪽에 날카로운 톱날이 달려 스치기만 해도 피가 나고 쓰라렸다. 소는 억새를 좋아해 경사진 언덕 아래까지 내려가 깔끔하게 뜯고 올라왔다.

그러던 어느 날 저녁이었다. 그날도 나는 소를 몰고 나가 풀을 뜯기고 있었다. 논과 맞닿은 농로를 따라가며 책을 마저 읽고 있었다. 우리 집 아래 사랑채로 이사 온 선생님께서 빌려주신 외국 동화책이었다. 어서 책을 읽고 독후감을 써야 했다. 저녁상을 물린 선생님께 불려가 줄거리를 이야기하고 독후감 검사를 받아야 했기 때문이다. 칭찬을 듣기 위해 책을 다 읽은 나는 공책에 독후감을 쓰고 있었다. 쓰고 지우고 다시 고쳐 쓰느라 소에게 신경 쓸 겨를이 없었다. 독후감을 다 쓰고 주위를 둘러봤을 때 소는 보이지 않았다.

언젠가 소가 풀을 뜯느라 정신없을 때였다. 살금살금 소 옆으로 다가간 나는 바위를 밟고 소 등에 훌쩍 올라탔다. 소는 기겁해 들고 날뛰기 시작했다. 투우사가 된 나는 소 목의 가죽을 움켜쥐고 납작 엎드렸다. 소는 등에 올라탄 괴물을 털어내려고 길길이 날뛰었다. 오늘은 소를 타고 집에 갈 생각에 들뜬 마음은 오래 가지 않았다. 나는 소등에서 떨어져 한참을 날아간 뒤 개구리밥 뜬 논에 처박히고 말았다. 소는 그길로 동네를 벗어나 내달렸고 다음 날 아버지가 옆 동네에 가서 소를 찾아왔다. 소의 행방을 찾아 뛰어다녔다. 소에게 미리 이름이라도 지어줬음 좋았을 텐데, 소를 찾아 뛰어다니며 내가 한 말은, '야, 어디 갔어.'가 고작이었다. 소에게 먹일 깔(꼴)을 지게에 한 짐 지고 오는 아버지를 만났다. 지게를 바쳐놓은 아버지와 나는 소를 찾아 동네를 뒤지기 시작했다. 소는 어디서도 보이지 않았다. 나는 소가 풀을 뜯던 자리로 돌아가 소의 흔적을 찾았다. 논과 맞닿은 농로의 경사진 언덕이었다.

그때 소의 나지막한 울음이 들려왔다. 논에 쓰러진 채 거품을 잔뜩 문 소가 괴로워하고 있었다. 경사진 언덕 아래까지 내려가 풀을 뜯던 소는 미끄러지면서 다리가 꼬여 왼편으로 쓰러진 거였다. 왼편으로 쓰러진 소는 스스로 일어서지 못한다 하였다. 오여진 소가 겁에 질려 나지막이 울었다. 동네 사람들을 불러 오여진 소를 일으켜 세웠다. 덩치만큼 겁이 큰 소는 그 자리를 뜨지 못했다. 사로잡혀 큰 소리로 울면서 눈물을 흘렸다. 그날 밤, 아버지는 말뚝을 박아 그 자리에 소를 매두고 돌아왔다.

• 오여지다(충청 방언) : 다리가 꼬여 왼편으로 쓰러지다.

시를 써봐도 모자란 당신

●

지저분한 레이더 모니터가 위채 아래채 함석 처마를 잡고 있었다. 한때는 이슬방울 눈을 달고 신기한 듯 지천(地天)을 훑어보기도 했건만, 이젠 지쳤다. 먼지가 낀 레이더 모니터 거미줄은 축 늘어졌다. 그만의 팽팽한 맛을 잃었다. 거미는 껍데기 전시품만 늘어놓고 거처를 옮겼거나 죽었을 거다. 팽창하던 가슴 풍선이 두려워 아래 사랑방에 숨어 이불을 뒤집어쓰고 살던 시절. 첫사랑의 순간들을 돌이킬 수만 있다면. 가슴을 떼어낼 수만 있다면. 금방이라도 자리를 털고 일어날 수 있을 것 같던 첫사랑의 순간들. 사랑방 쪽창으로 내다보이던 거미줄. 낮에는 야광이던 거미줄. 위채 아래채 함석 처마를 끄집어 당긴 팽팽하던 거미줄. 서로 만날 수 없는 것을 끄집어 당기던 바람 찬 거미줄. 끝나지 않을 것 같은 나날들. 벼락 맞은 나날들. 하늘과 구름과 해와 달과 별과 비와 눈과 야산과 나무들을 잡고 쥐고 흔들던 거미줄. 누군가 자꾸 우물 속에 돌을 던져 물결이 퍼져나가던 거미줄. 쥐고 흔들었지만 결국엔 자신만, 자신의 눈 없는 눈자위만 실컷 훔친 거미줄. 새까맣게 붙어 당긴 날짐승과 잠자리 풍뎅이 벌 껍질들 쿠션 좋은 침대 역할밖에 못 한 거미줄. 거미는 밤낮 레이더 모니터를 켜놓고 어디에 있었는가. 대나무 빗자루로 지저분해진 거미줄을 걷어냈다. 하늘과 구름과 해와 달과 별과 비와 눈과 산과 나무와 그 사이를 나는 모든 것들이 거미줄에서 풀려났다. 나는 거미줄 레이더 모니터를 보았다. 가끔은 거미줄 레이더 모니터를 통해 모든 것을 보았다. 나는 거미줄 레이더 모니터에 걸려있는 모든 것들을 보았다. 날짐승과 잠자리 풍뎅이 벌이 벗어놓고 간 망가진 육체의 옷가지를 보았다. 거미줄 그물망을 통과해간 영혼만이 자유로울 수 있다고 생각하기에 이르렀다. 나에게서 멀어진 것은 떠난 것이다. 사라진 것이다. 마찬가지로 내가 떠나면 이 세계도 떠난 것이고 사라진 것이다.

—산문, 「거미」 전문

뭔가에 폭 빠져 있는 아들에게 다가온 어머니가 500매 원고지 묶음을 앉은뱅이 밥상 밑으로 쓱 밀었다. 공부는 안 하고 맨날 혼자 술 먹고 쏘다니더니만 이게 웬일이랴. 담배를 안 먹는 것만 해도 워디랴. 대견해하던 어머니였다. 담배 먹는 건 문신을 판 불량배 양아치 깡패들이나 하는 짓이라 말했지만, 아귀가 맞지 않는 말이어서 민망해졌다. 그럼 술은? 어머니는 씩 웃기만 하고는 방을 나갔다.

 아들, 저 나무 대문만 봐도 덜컥 겁이 난다야. 고주망태가 된 할아버지가 '얘들아, 나 왔다!' 지금이라도 대문을 덜컥 열어젖히고는 들어설 같아서 말이다. 어느 해 눈발 들이치던 오밤중이었다 한다. 며칠간 집 나가 친구들 만나 쏘다닌 할아버지가 어찌어찌 집을 찾아 돌아왔다. 눈발처럼 나무 대문을 활짝 열어젖히고 들어서서는 바로 고꾸라졌지 뭐냐. 어디서 술을 얼마나 들이부었는지 몰라도, 그런 술 냄새는 생전 처음이었다. 할아버지는 그대로 정신 줄을 놓았지. 숨도 멈춰 다음 날 부고를 돌렸지 뭐냐. 관을 맞춰 와 염을 하려고 하는데 병풍 뒤에서 할아버지의 불호령이 떨어졌다. '야들아, 지금 누가 죽었더냐. 왜들 몰려와서 시끄럽게 울고 지랄들이냐.' 병풍을 밀치고 나온 할아버지가 '뜨끈뜨끈하게 불 때줘서 잘 자고 일어났다.' 기지개를 켜고는, '어서 술상 봐오지 않고 뭣하냐.' 점잖게 밖에 대고 말했다. 한순간에 초상집을 잔칫집으로 맨드는 재주를 타고난 분이셨지.

 바람이 불고 나무 대문에 바람이 차 부풀 때마다 할아버지의 혼이 집 안으로 들어오려고 안간힘을 쓰는 것으로 느껴졌다. 술집에서 일본 순사와 시비가 붙어 싸우고 도망자가 되었는데 중국 소련을 유랑하다 추수 끝내놓으면 찾아와 곡식 환전한 돈을 챙겨 다시 떠나기를 반복했다. 결국, 붙잡혀 북해도 탄광 징용 끌려가 진폐병(塵肺病) 걸려 고생하다 숨이 막혀 돌아가셨다. 어찌나 노는 걸 좋아했는지 서둘러 할당량 채우고 갱도를 나와 놀 생각에 보호장비를 다 벗어놓고 일했다는구나. 네가 갓난아이였을 때였지. 나무하러 멀리 갔다 저물어 돌아오는데 웬일로 할아버지가 집 앞에 나와 기다리지 뭐냐. 옴마를 본 할아버지가 한달음에 달려와서는 덥석 손을 잡고 울먹이지 뭐냐. 살기 힘든 며느리가 멀리 도망간 줄 알았는가 보더라. 앞으론 나무하러 다니지 마라. 나무는 내가 해올 테니 너는 집 근처 밭이나 매고 있어라. 다음 날부터 너희 할아버지는 처갓집에 가서 1년간 머슴을 살았다. 그 성질에 어떻게 처갓집 머슴 살 결심을 했는지 모르겠더라. 지금 생각해도 막 웃음이 나와야. 그동안 어머니는 나를 생각하며 얼마나 먼 얼음길을 마중 나와 있었던 것일까. 아버지가 집을 비우는 날이면 혼자 자기 무서운 어머니는 쌍둥이 같은 이모를 부르곤 하였다.

숨넘어가는 할아버지
손목시계를 끌러
아버지 사타구니에
냅다 집어던졌다

—시, 「부엉이」 전문

할아버지는 손목시계를 끌러 아버지 사타구니에 던지고 생을 마감했다. 부엉이가 울 때면 할아버지가 숨을 거두는 밤이 떠올랐다. 그리고 할아버지에게 물려받아 아버지가 찬 시계를 볼 때면 맑은 물웅덩이에 낀 살얼음이 느껴졌다. 대청의 사각 나무창을 통해 방문을 열어젖힌 안방에서 할아버지 염(殮)하는 광경을 지켜보았다. 울음은 소거되었고 사람들은 우는 표정 동작을 연출하기 바빴다. 곧이어 투명 인간이 된 사람들이 걸친 상복만 보이게 되었다. 할아버지는 반듯이 누워 눈을 감았다. 대청에 앉아 술을 마시던 할아버지 한 분이 나에게 말했다. '애들이 이런 거 지켜보면 못쓴다!' 할아버지는 대청의 여닫이 나무창을 닫고 빗장을 질렀다. 얼마간 벌어진 나무창 틈으로 할아버지 염하는 광경을 지켜보았다. 안방 뒤꼍 문밖으로 자잘한 졸(부추) 꽃이 피어 있었다. 산비둘기 속을 훑어내는 소리로 한참을 울었다.

  쓰고 싶은 것 있는 대로 다 써봐. 떨어지기 전에 또 사 올 테니 걱정하지 말고. 이제 알아들었지 아들. 어머니는 원고지가 떨어지기 전에 원고지를 대주었다. 붉은 칸에 한 자씩 쓰기 아까워 나만 겨우 알아볼 수 있는 작은 글씨로 원고지를 채웠다.

  원고지의 붉은 칸은 내게 무의식의 세계로 통하는 창문 테두리였다. 불쑥, 그곳으로 뛰어들어 처음 가보는 곳으로 걸을 수 있었다. 나를 아는 사람 없는 그곳에서 내가 부는 휘파람을 들었다. 여기서는 할 수 없는 거 되지 않는 거 거기서는 단정이나 규정 한계가 존재하지 않았다. 오로지 내가 하고 싶은 것만 할 수 있었다. 여기서는, 나는 할 수 없다. 나는 안 된다. 스스로 결박하면서 살았는데 거기는 모든 것이 가능한 세계였다. 우둔하여, 할 줄 아는 게 하나도 없어, 언제나 패배자였지만, 그곳에서의 나는 인류의 시조이면서 인류의 끝이었다. 여기서는 또 말을 더듬게 될까 봐 잔뜩 움츠러들었지만 거기서는 달랐다. 그곳에서는 말을 거는 사람 말을 할 사람이 나밖에 없었다. 무엇을 할라치면 누군가 알아서 다 해주는 그곳에서 나를 불러 밥을 먹이고 불을 때 잠을 재우는 사람도 어머니였다.

여름날 사나흘 술을 먹고 기진맥진해 집에 들어가 마루에 누웠다. 어떻게 널 낳아놨는데… 잘 난 것 깎아 먹고살 거냐. 옴마 눈 똑바로 보고 말해봐라. 언제까지 그럴 건지 말해봐라. 어머니 눈은 충혈돼 있었고, 나는 어머니 눈을 똑바로 볼 수 없었다. 땀범벅이 된 채 죽는소리를 내는 아들, 돌아누운 아들을 남겨놓고 어머니는 부엌으로 갔다. 물을 적혀온 가제수건을 짜 아들의 땀을 닦으며 말했다. 너는 지금, 비단 보자기에 개똥 싸 들고 자랑질하러 다니느라 바쁜 것이여. 이제 그만할 때가 지난 것이여. 알아 들었남 아들.

41년간 빨대를 꽂고 마신 술을 딱 끊고 반년간 끙끙 앓았다. 시도 때도 없이 불러대는 잠 귀신에게 끌려가 반년간 엄살을 피웠다. 어머니가 물 적신 가제수건을 가져와 땀을 닦아주다 말고, 징글맞게 오래된 비단 보자기 이야기를 다시 꺼냈다. 어머니는 나를 낳기 전 처녀 때 웃음을 보여주었다.

시를 써봐도 모자란 당신* 2

1993년 가을 시인 이문재와 가수 김광석이 진행하는 라디오 프로그램을 들었다. 첫 시집 『먼지의 집』(문학과지성사, 1992)의 표제작을 가수 김광석이 읽어주고, 쑥스러워하면서 자신이 부른 노래 「먼지가 되어」를 틀어주었다.

바하의 선율에 젖은 날이면
잊었던 기억들이 피어나네요
바람에 날려간 나의 노래도
휘파람 소리로 돌아오네요

내 조그만 공간 속에 추억만 쌓이고
까닭 모를 눈물만이 아른거리네

―노래, 「먼지가 되어」 부분

* 송문상 작사 · 이대헌 작곡 「먼지가 되어」 중

나는 그때 구의역 먹자골목 안 카페에 감금돼 지냈다. 공테이프에 녹음한 노래의 음질은 형편없었으나 엘피판이나 시디를 구매해 듣고 싶지는 않았다. 손님이 없는 시간에 혼자 듣기용으로 손색없었기 때문이다. 나는 그때 카페의 전축 옆 의자에서 종일 음악 고문을 당하는 고슴도치였다. 두루마리 휴지를 말아 귀를 틀어막고 전축 옆 의자에 묶여 손님들 신청곡을 틀어주는 어설픈 디제이였다. 손님이 들어오면 전동타자기를 바닥으로 내리고 붉은 줄 원고지에 이어서 글을 썼다. 어디로도 갈 수 없었기에 어딘가로 갈 수 있는 글을 쓸 수 있었다.

그이는 휘어진 테니스 라켓을 휘둘러 벽을 향해 공을 처박는 사람이었다. 짜부라들고 팽창하기를 반복하는 공을 받아 쳐 벽을 허무느라 기진맥진한 상태였지만 멈출 수는 없었다. 스스로 만든 링에서 벗어날 수 없었다. 벽은 주는 대로 받아먹는 입을 감추고 으르렁거렸다. 공을 받아먹고 다른 공을 토해내는 데 길들어 있었다. 터진 공을 토해내던 벽을 돌아 뒤편으로 갔을 때였다. 그곳에도 터진 공이 널려있었다. 멀쩡한 공을 찾아들고 공터로 돌아와 다시 벽 앞에 섰을 때 금이 뚜렷해지고 서글픈 풀벌레 소리 들려왔다. 이어폰을 귀에 꽂고 몇 해 전 생일에 선물 받은 워크맨 되감기를 하여 플레이를 눌렀다.

작은 가슴은 모두 모두어

시를 써봐도 모자란 당신

먼지가 되어 날아가야지

바람에 날려 당신 곁으로

—노래, 「먼지가 되어」 부분

  수없이 반복해 그 구간을 재생했지만 따라 부르지는 못하겠어 속으로 쟁이고 있었다. 벗어나지 못할 링에 스스로 갇혀 허우적거리는 사람 그곳이 세상 전부라 믿게 된 사람 벽에 갇힌 사람을 꺼내기 위해 테니스공으로 가슴을 퍽퍽 처맞는 데 급급했다. 예전 거울이 다시 깨지는 소리에 놀란 공이 퉁겨 나왔다. 벽은 정지되고 바쁜 것 없는 삿갓 등 불빛 먼지를 세는데 몰두했다.

  옛날 성수동 경마장 담벼락 바깥 솜공장에 들어가 연락을 끊고 살았다. 판자촌을 지나 버드나무 비포장길을 걸어 들어간 막다른 골목 안이었다. 차가 들어올 수 없어 리어카에 짐을 실어 날라야 했다. 한강이 보이는 개활지(開豁地)에 잡목과 잡풀이 우거져 폐경지(廢耕地)랑 흡사했다. 경마장 담벼락을 경계로 각기 다른 세상을 사는 사람들이 공존했다. 옷 공장에서 재단하고 남은 자투리 원단 마대에 담겨 5t 트럭에 배달 오면 찻길에서 공장까지 리어카로 실어 날랐다. 자투리 원단 마당에 펴 색깔대로 골라 말린 다음 잘게 절단해 솜을 만들었다. 붉은 솜을 만드는 날이면 붉은 먼지가 자욱했다. 아침참으로 라면을 끓여 먹곤 하였는데 라면 국물을 마실 때 목이 컬컬했다. 눈썹에도 콧구멍 털에도 머리털에도 그날 만드는 솜먼지가 쌓이고 붙고 앉았다. 점심 저녁은 식당에 가 밥을 먹었는데 수건으로 대충 털고 나갔다. 처음 며칠간은 근지러워 못 배길 줄 알았는데 곧 적응되었다. 나만 먼지를 뒤집어쓴 게 아니었다. 출근해 작업복으로 갈아입고부터 퇴근하기까지 모두가 같은 색깔의 먼지를 입은 인간이었다. 적응이 되자 먼지는 무엇도 아니게 되었다. 일을 마치고 공장의 먼지를 한 데 쓸어모아 불 싸질렀다. 공장 마당 한가운데 변압기가 달린 전봇대 아래였다. 아무리 많은 먼지를 쓸어모아 태워도 불길은 변압기와 삼선 전깃줄을 삼키지 못했다. 솜을 쟁여 넣은 마대에 앉아 검은 연기를 흡입하는 하늘을 보았다.

먼지 구덩이 기숙사에 같이 사는 그이가 입을 열었다.

"술 한잔할 쳐?"

얼굴과 목 손발을 제외한 몸에 동물 문신을 도배한 그가 국방색 포장을 덮어씌운 기숙사로 들어가 소주를 꺼내왔다. 그는 물 밖에 나온 물귀신처럼 병나발을 불었다. 그러고는 내 어깨를 잡아 흔들었다.

"먼지 벗기고 나와 본격적으로 마셔볼까."

그곳의 모든 집과 건물은 무허가였다. 공용수도가 있는 찻길까지 리어카에 물통을 싣고 나갔다. 울퉁불퉁한 비포장길을 오는 동안 한 금 담은 물통의 물은 절반밖에 남지 않았다. 셋이 기숙사에 살았는데 최고참은 씻지 않았다. 너희들도 몇 달 살아보면 다 괜찮아질 겨. 누가 찾아오길 하나. 물 뜨러 가는 게 귀찮아졌지. 이틀에 한 번 사흘에 한 번 계속 미루다 보니 괜찮아지더라. 비누로 거품을 만들어 문대 씻을 때면 솜먼지는 유릿가루로 변신해 피부를 긁었다. 유릿가루가 긁은 몸이 따끔거렸다. 술을 마시고 잠드는 날이 늘었다.

    어느 날 갑자기 내가 죽는다
    내가 죽는다, 내가 숨쉬기를 멈춘다, 솜덩이처럼 각지게
    묶인다 내 몸이 가졌던 열기가 쏙 빠지고
    열기를 밀고 들어올 얼음, 칼끝으로 비유될 그것이
    내가 마지막까지 놓치고 싶지 않은 침묵이며
    너의 얼굴을 빼앗아간다 먼지들이 일어날 수도 없는
    뻣뻣한 나를 덮어준다 방문의 틈 사이로 들어올 햇빛
    한 줄기, 내가 그때 눈을 살짝 떴다 감으면
    놀아서 도망갈 먼지들이, 천천히 나를 덮는다

―시, 「솜공장에서 ―먼지」 부분

그곳에 가보았다. '서울의 숲'으로 탈바꿈한 그곳, 나는 아주 오래전 먼지 구덩이에서 꾼 악몽을 꺼냈다. 어떻게 그곳에서 벗어났는지 여기까지 오게 되었는지 알 수 없었다. 내가 산 세상은 당신의 상상 밖 외딴섬에 있었다. 당신이 산 세상 또한 내가 상상할 수 없는 영역에 남겨두기로 하였다.

　차창을 활짝 열고 외곽순환도로를 달렸다. 최대 음량으로 「먼지가 되어」를 틀어놓았다. 당신과 같이 듣고 싶은 노래였다. 그래서 차창을 올리고 스피커폰으로 전화를 걸었다. 처음부터 시작된 노래를 당신과 같이 들었다. 당신을 만나 불러보고 싶은 노래였다. 나는 아직 그 노래를 불러보지 못했다.

간드레

●

 아버지가 금광(金鑛)에 다닐 때 사용한 간드레가 내 방에 걸렸다. 면벽(面壁)할 때마다 간드레가 유년의 시간들을 밝혀주었다. 어느 순간 방안은 금광의 갱도로 변하고 나는 희뿌연 돌가루 속에서 금맥을 찾는 광부가 되었다. 아버지는 열두 살 때부터 금광에 다녔다고 했다. 그러니까 내 방에 걸린 간드레는 내가 태어나기 훨씬 전부터 아버지 손을 탄 것이다.
 어두컴컴한 방에서 줄담배를 피우던 아버지는 요강을 비워 방안에 밀어 넣고 쇠죽을 쑤기 시작했다. 생솔가지 타들어 가는 소리와 매운 연기가 방으로 스며들었다. 안마당과 바깥마당을 오가는 아버지의 노랫소리가 들려왔다. '아아~ 으악새 슬피 우니 가을인가요. 지나친 그 세월이 나를 울립니다. 여울에 아롱 젖은 이지러진 조각달. 강물도 출렁출렁 목이 멥니다.' 간드렛불을 흔들며 광산에서 돌아오는 젊은 시절의 아버지와 만날 수 있었다. 주먹 하나로 입을 틀어막고 다른 주먹을 움켜쥔 아버지가 마른기침을 쏟아내고 있었다. 질끈 감은 눈 속에서 금가루가 흩어지고 있었다.

아버지는 진폐증을 앓았다. 마른기침할 때마다 아버지의 얼굴은 짓무른 홍시 같았다. 마른기침이 잦아들면 아버지는 줄담배를 피워댔다. 담뱃불이 필터에서 똑 떨어질 때까지 피우고 그 불똥으로 담뱃불을 이어 붙였다. 부엌에는 훈제가 되어가는 돼지비계가 걸려 있었다. 쇠죽을 쑨 불씨를 긁어낸 아버지는 프라이팬에 고추장을 버무린 돼지비계를 볶고 있었다. 등을 돌리고 고추장을 버무린 돼지비계를 집어먹는 아버지의 깡마른 뒷모습을 지켜보았다. 아궁이로 다가가 '아버지 뭐 하세요?'라고 묻고 싶었다. 돼지비계 한 점 얻어먹고 싶었다. 하지만 입맛을 다시면서 말을 삼켜야 했다. 아버지는 대를 물려 진폐증을 앓고 있었다. 돼지비계 한 점 받아먹으면 나도 광산에 다녀야 하고 진폐증을 물려받아야 할 것 같았다. 나는 방으로 들어가 뜨뜻해진 방바닥에 등을 지지며 아버지처럼은 살지 않겠다, 다짐하고 있었다.

밥 뜸을 들이고 들어온 어머니는 밥상에서 벌레 먹은 콩을 골라냈다. 겨울에는 고무다라에 바지락을 담아와 윗목에서 깠다. 엄마가 시집왔을 때 산이란 산은 다 벌거숭이였지. 나무는 고사하고 솔걸(솔잎) 몇 개 줍기 위해 온 산을 뒤지고 다녔지. 이불이라도 제대로 있나 냉골에서 밤새 떨었지 뭐냐. 너는 한 번도 바닥에서 잔 적이 없을 거. 할머니, 할아버지, 막내 고모가 너를 돌아가면서 품 안에 품고 잤으니께. 아버지, 엄마가 너를 빼앗긴 것 같아 얼마나 서운했는지 모를 겨. 네 아버지는 광산에 일하러 갈 때, 그리고 캄캄한 밤중에 돌아와 네 눈을 들여다봤다. 아버지에겐 네가 세상에 없는 사람이었던 것이지. 네 눈이 아버지에게는 금광이었던 게지.

나는 어머니의 잔소리가 듣기 싫어 밖으로 나왔다. 으스스한 바깥마당 쪽마루에 앉아 13km를 달려오는 기적 소리를 들었다. 어서 지긋지긋한 집구석을 떠날 궁리를 하고 살았다. 아래 사랑방 대청마루 앞 사철나무에 올라가 가지 사이에 가랑이를 끼우고 앉아 나뭇가지를 흔들었다. 여기가 아니라면 어디라도 좋으니 나는 떠나고 싶었다. 아버지가 광산에 다니기 시작한 열두 살 때, 나는 친구와 공모해 무인도로 배를 저었다. 그다음은 서울 가는 기차를 탔다. 아버지는 일주일을 못 버티고 돌아온 나를 추궁하지 않았다. 헛간에 걸린 간드레를 가져오는 날에도 아버지는 웃으면서 잘 다녀오라고만 말했다. 여기저기 거처를 옮겨 다니며 사는 아들에게 아버지는 네 집은 여기니, 언제든 돌아올 집이 있으니 갑갑하게 살지 말라는 주문을 한 것이다.

그 옛날 아버지의 젊은 날과 함께한 간드레를 보면서 나는 내가 아버지의 금광이었음을 되새긴다. 아버지가 내 눈을 들여다보았듯 나는 내 글을 들여다보면서 한 사람의 독자를 상상한다. 이 금광은 내가 죽어서도 얼마간 폐광되지 않기를 바라는 마음이다. 나는 간드렛불을 켜 들고 몸속의 금맥을 따라 나아간다.

거리 좁히기

●

　윗집에 사는 순둥이 개가 마당을 가로질러 지나간다. 주인이 집을 비운 사이 심심해진 개는 아랫집 강아지와 놀아볼 요량으로 나들이를 나온 것이다. 그러나 나를 보고는 흠칫 놀라 도망치기 바쁜 것이다. 주인 말고는 곁을 허락하지 않는 개인데 놀라도 뛸 기력이 남지 않았다. 14년을 살았으니 그럴 만도 하다. 털을 깎지 않아 판타지 동화에 나올 법한 신비한 모습이다. 사람으로 치면 산에서 도를 닦다 내려온 나이 지긋한 도사이다.
　얼마 전에 우리에서 탈출한 강아지들을 찾아 윗집에 간 적이 있다. 녀석은 아그배나무 그늘에 앞발을 세우고 앉아 까불기 바쁜 강아지들을 바라보고 있었다. 녀석의 의젓한 모습을 지켜보는데 주인이 들려준 출생 비밀이 떠올라 마음이 아팠다. 녀석의 어미는 야산 바위틈에서 태어난 유기견의 새끼였다. 주인이 친척 집에 갔다가 병든 중개를 데려다 키우게 되었다. 지극정성으로 돌봐 간신히 병이 나았지만 사람이 다가가면 기겁을 하고 달아났다. 어딘가 숨어 있다 밥만 먹고 사라지고는 했는데 어느 날 원두막 밑에서 기어 나온 눈 못 뜬 강아지를 발견하게 되었다.

다음 날 아침 원두막 밑으로 미역국을 밀어 넣었는데 어미와 새끼 모두 사라진 뒤였다. 사람이 없을 때 나타난 어미는 밥만 비우고 사라졌다. 어디로 가나 지켜보기라도 하면 그 자리에 앉아 있다가 감시가 소홀한 틈을 타 사라지곤 했다. 새끼들이 커서 젖만으로는 살 수 없을 정도가 되었다. 그런데도 어미는 새끼들에게 젖을 물리기 위해 밥그릇을 비우고 왼쪽으로 야산을 돌아 사라졌다.

그러던 어느 날이었다. 주인이 야산 중턱의 염소우리에서 일을 마치고 내려오다 강아지 소리를 들었다. 어미는 야산의 8부 능선 바위틈에서 새끼를 키우고 있었다. 바구니를 가지고 올라가 바위틈에서 새끼를 꺼내 담았다. 여섯 마리를 바구니에 담았는데 바위틈에서 또 강아지 소리가 났다. 일곱 마리를 꺼내고 혹시나 해서 나뭇가지를 넣어 살폈는데 한 마리가 더 있었다.

어미 개는 여덟 마리나 되는 새끼들을 어떻게 옮겨갔을까. 새끼를 키우는 바위틈 반대 방향 먼 길을 돌면서 주위를 얼마나 살폈을까. 바구니에 담겨가는 새끼들을 따라오면서 뭐라고 항변했을까. 바구니에 담겨간 새끼들이 마당에 풀려 돌아다니는 걸 보면서, 새끼들이 하나씩 차에 실려 떠나는 걸 지켜보면서, 어미는 어떤 심정이었을까. 집 주위를 빙빙 돌면서 속울음을 울던 어미는 염소를 물기 시작했다. 급기야 마지막으로 남은 새끼를 데리고 집 근처 바위틈으로 숨어들었다. 새끼를 빼앗기지 않기 위한 최선의 선택이었다.

  주인은 야생이나 다름없는 개들과 친해지려고 애썼다. 고개를 돌린 채 바위틈으로 살금살금 다가가 새끼를 쓰다듬으려 했다. 그러나 어미 개는 허연 이를 드러내고 으르렁거렸다. 손에 구운 고기를 올리고 눈을 돌린 채 다가갔지만 경계를 풀지 않았다. 그럴수록 어미 개가 염소를 무는 일이 빈번해졌다. 어느 날, 어미 개가 새끼를 데리고 계곡의 바위틈으로 거처를 옮겼다. 새끼는 병이 심해 당장 치료를 하지 않으면 살 수 없는 상태였다. 하는 수 없이 어미 개를 친척 집으로 보내고 새끼를 집으로 데려오는 수밖에 없었다. 기운을 차린 새끼는 어미랑 살던 집 근처의 바위틈으로 숨어들었다. 주인이 손에 고기를 올리고 오리걸음으로 다가가 뒤로 팔을 쭉 뻗어도 바위틈에 숨어 나오지 않았다. 처마 밑에 개집을 만들고 밥그릇을 가져다 놓았지만 밥을 먹고 다시 바위틈으로 사라졌다. 예방접종을 해주고 진드기약을 발라줘야 할 때만 간신히 바위틈에서 새끼를 꺼내왔다.

  14년이 흐르는 동안 개와 주인은 조금씩 거리를 좁힌 셈이다. 줄다리기로는 서로의 거리를 좁힐 수 없었다. 관심을 두고 조금씩 다가가야 상대방의 마음을 열 수 있고 거리 또한 좁힐 수 있었다. 주인은 아침이면 과자봉지를 들고 마당에 나가 개와 시간을 보낸다 하였다. 개는 현관문 앞으로 다가와 잠자리로 삼았고 비로소 쓰다듬는 손길을 거부하지 않게 되었다.

먼저 다가가기

●

　원룸에서 원룸으로 짐을 옮겼다. 혼자 생활하기 충분한 공간이었다. 멀게나마 우면산이 보이는 제법 넓은 창문이 있어 매력적이었다. 출근하기 전 산을 바라보며 마시는 모닝커피 한 잔이 생활에 활력소 역할을 해주었다. 도심 복판에서 살면서 산을 바라볼 수 있는 사람이 과연 몇이나 될까 싶었다. 산을 보는 재미에 푹 빠져 낯선 공간에 빠르게 적응할 수 있었다.

　이사를 하고 며칠이 지나지 않아서였다. 원룸 주차장은 기둥이 많고 협소해 주차하기가 녹록지 않았다. 기둥을 보랴 주차된 차들을 보랴 쩔쩔매고 있는데, 누군가 창문을 두드리는 거였다. 그는 웃는 낯으로 말했다. 내가 봐줄 테니 안심하고 주차하라고. 그러고는 손짓으로 주차를 도와주었다. 가방을 들고 차에서 내리자 그가 웃으면서 말했다. 운전을 잘하시네요. 운전을 오래 하셨나 봐요. 순간, 그의 말과 웃음에 기분이 상했다. 처음 보는 이상한 사람이 나를 놀리는 거로 생각한 탓이었다.

그는 내가 사는 원룸에 소속된 관리인도 입주민도 아니었다. 그의 차가 내 차 옆에 주차된 걸 볼 때마다 그의 존재가 궁금해졌다. 나는 그가 정상이 아닐 거라고 넘겨짚고 있었다. 출퇴근할 때마다 그와 마주쳤다. 그는 사람들에게 일일이 인사하느라, 몇 군데 식당 손님들의 주차와 빌딩 몇 개의 주차를 담당하느라, 서 있거나 앉아있을 틈이 없었다. 이리 뛰고 저리 뛰는 게 그의 일과였다. 밥 먹을 시간, 숨 돌릴 여유도 없어 보였다.

눈이 내린 날은 그에게 더없이 바쁜 날이 되었다. 골목의 눈을 고무래로 밀고 쓸어내는 일을 하기 때문이었다. 안녕하세요. 그가 어디선가 나타나 인사를 건넸다. 빌딩의 관리실에서 나오거나 식당의 계단을 내려오면서 아니면 주차를 마친 차 문을 열면서 그가 인사를 건넸다. 그가 인사를 건넬 때마다 나는 억지웃음을 웃는 내 표정을 들켰다. 그의 스스럼없는 인사가 부담스러웠고 내가 쌓은 마음의 담이 높음을 확인할 수 있었다.

내가 생활하는 원룸은 4층이었다. 산이 보이는 창문 아래 붉은 기와를 얹은 단독주택이 자리하고 있었다. 휴일에는 물고기의 비늘 같은 붉은 기와지붕을 내려다보는 재미 또한 쏠쏠했었다. 창문 아래 제법 규모가 큰 연못이 있고, 붉은 비늘을 가진 물고기가 살고 있다고 상상하는 동안, 답답한 숨통이 트이는 느낌이었다. 그런데 어느 날부터인가 단독주택이 헐리고 있었다. 중장비 엔진 소리와 날아드는 먼지 때문에 더 이상 창문을 열 수 없게 되었다. 기초공사가 끝나고 건물이 올라가기 시작했다. 결국엔 원룸의 창문을 통해 보이던 산이 가려지고 말았다. 원룸으로 짓는 건물은 5층 6층 7층까지 올라갔다. 눈이 내릴 때도 스티로폼 가루가 날리는 것 같았다.

그는 모른 척 지나치려는 나에게 번번이 인사를 건넸다. 얼마간은 그가 부담스러워 소심하게 다른 길로 돌아서 갈까 고민한 적도 있지만, 나는 지름길을 버리지 못했다. 몇 달이 지나는 사이 나는 그에게 먼저 인사를 건네는 사람이 되었다. 눈을 치우는 그에게 다가가 안녕하세요.라고 인사를 건네고, 메아리처럼 들려오는 안녕하세요.라는 그의 인사와 웃음을 선물 받을 수 있게 되었다.

어둠이 걷히기 전부터 들려오는 건물 공사 소음 때문에 일찍 일어나는 습관이 들었다. 나는 창문을 열고 산을 바라보는 대신 전축을 틀어놓고 클래식을 듣게 되었다. 얼굴을 씻고 머리를 감고 나서 거울을 본 게 전부였는데 창문턱에 탁상거울을 올려놓았다. 그동안 외면만을 바라보고 살았다. 이제부터라도 내면을 들여다보지 않으면 나를 잃어버릴 것 같은 위기감이 찾아왔다. 나는 탁상거울을 통해 나에게 말을 걸고 대답하기 시작했다. 오랫동안 단독자로 살아온 터라 나 자신과 소통하는데도 시간이 걸릴 것이 확실하다. 하지만 나 자신과도 좋은 친구가 될 수 없다면 타인에게 마음을 열기란 불가능할지도 모른다는 생각이 들었다. 클래식에 노랫말을 붙여 불러보는 아침마다 새로운 나를 발견하고 잃어버린 나를 찾아가는 느낌이 들어 행복해졌다.

언젠가는 퇴근길에 그를 만나면, 고마워요.라고 먼저 인사를 건 넬 수 있겠다.

막차로 보낸 사람

　불쑥 찾아온 중학교 친구가 반가워 양은 양동이를 들고 주막으로 향했다. 비료창고를 개조해 만든 주막이었는데 가을걷이를 끝낸 동네 중늙은이들이 우글거렸다. 세 개의 쪽방에 술꾼 노름꾼들이 취한 목소리가 뒤섞였다. 그는 부뚜막에 앉아 주전자의 막걸리를 사기그릇에 자작해 마셨다. 노름꾼들의 심부름을 해주며 막걸리를 얻어 마시고 있었다. 술잔을 새끼손가락으로 젓는 그에게 인사하였지만, 그는 뭔가에 빠져 내내 심각한 얼굴이었다. 주인 아지메는 손님 술상에 붙어 매상을 올리고 있을 터였다. 나는 그에게 다가가 중지로 어깨를 찔렀다. 월남의 밀림에서 황급히 돌아온 그가 아궁이 맞은편 벽 가까이 묻힌 커다란 항아리 뚜껑을 열어 막걸리를 퍼주었다. 그는 내가 건넨 술값을 탄피 통을 열어 쑤셔 넣고는 아궁이 불빛에 얼굴을 달구었다. 오봉상 테두리를 젓가락으로 뚜드리며 노래 부르는 술꾼 뒤곁에 멍석을 깔고 내기 윷을 노는 술꾼 간간이 화투장 군용담요에 내리치는 노름꾼의 뒤죽박죽된 소리가 칸이 많은 창문에 걸린 황혼의 취기를 흔들었다. 담뱃불을 붙여 문 그가 출입문을 열고 나와 비틀비틀 회벽을 훑으며 벽이 ㄇ자로 들어간 곳에 놓인 오줌통을 향해 걸었다. 곧이어 혁대 대용 넥타이를 푼 그가 오줌 지르는 소리가 들려왔다. 나는 그의 눈에서 나오는 붉고 가는 빛들의 퍼짐을 보았다. 그날은 온 동네 사람들이 산으로 피난을 떠나야 하는 날이었다. 부엌칼을 든 그는 상상하지 못한 짐승의 소리를 질러댔고 그의 어머니는 미안하다는 말만을 반복했다. 그의 아내는 젖먹이들을 안고 떨었다. 그의 눈에 핏물이 차오른 날이면 솜이불을 끌어안고 산으로 갔다. 그는 월남에 갔다 온 후 그리되었다. 군대 얘기를 하는 사람들 틈에 낀 그는 언제나 벙어리였다.

친구는 고등학교를 졸업하자마자 지원 입대하여 첫 휴가를 나온 거였다. 해름이 논두렁 비탈에 선 고욤나무의 쭈글텡이 열매들을 더 쭈글텡이로 만들었다. 우리는 논바닥에 쌓아놓은 짚가리 앞에 술상을 차렸다. 우리는 중학교 동창이고 서로의 존재만 겨우 아는 사이였다. 3년간은 4개 면(面)에서 모인 동창들을 알기에 부족한 시간이었다. 나보다 말수가 적은 친구와 술잔을 부딪쳤다. 낙하산을 타고 내려올 때 어땠냐 묻고 싶었으나 서로 알만한 친구들 안부만을 물었다. 설익은 김장 김치 쪼가리를 씹으며 줄지어 냇가에 선 미루나무를 바라보았다. 까치둥지가 걸린 미루나무가 심하게 휘어졌다. 군용 은하수 담배를 꺼낸 친구가 불을 붙여주었다. 담배를 피운 지 얼마 되지 않아 기침과 눈물이 나오고 속이 메스꺼웠다. 그가 등을 두드려줄 때 속이 텅텅 울렸다. 짚가리에서 짚 투매를 꺼낸 그가 거꾸로 불을 붙여 밑동이 바닥을 향하게 세워놓았다. 우리는 일어서서 술잔을 들고 달을 보았다. 불씨가 날았다. 담뱃갑 은박지를 뽑아 든 그가 주소를 적어주었다. 나는 은박지를 반으로 접어 자른 다음 내 주소를 적어 그에게 내밀었다. 금세 타오른 짚 투매에 붙은 불은 바닥에 누워 숨을 몰아쉬었다. 검은 철샀줄 안에 갇힌 불씨를 바람이 불어주었다. 짚가리의 주인이 뛰어와 멱살을 잡고 들어 올리더라도 그깟 것쯤 감당할 만큼 취기가 올라있었다. 짚 투매 재가 뜬 막걸리를 저어 마셨다. 아버지가 아궁이에 괄게 지펴진 숯불을 뒤적거릴 때 투가리에서 끓는 된장국을 보고 있으니 재는 임금님도 먹는 거라 말했다. 숨을 깊이 쉬는 불씨에 짚 투매를 몇 개 빼내 눕혀 주었다. 연기를 피우더니 불이 붙어 불씨와 재가 날았다.

　내일 귀대한다. 나지막이 말한 그가 담배를 빼 물었다. 불탄 자리에선 내년 봄에 풀이 안 난다. 검불과 잡풀을 긁어 밭뙈기에 불을 놓던 아버지의 말을 바람이 채 갔다. 술집에서 언제 귀대할지 모르는 아들 남편 아비를 기다리는 집집의 마루 위에 내륙등대 5촉짜리 전깃불이 켜지고 있었다.

　조금 있으면 팔짱을 오므려 낀 아지메들이 어린 아들딸을 앞세우고 남편을 불러들이러 주막을 향해 밤길을 걸을 것이다. 마루 밑에 매인 개들은 발자국을 따라 짖고 빗장을 걸어 잠근 주막은 도피자들을 싣고 표류할 것이다. 자신이 휘두른 주먹질에 쌍코피가 터지고 슬그머니 빠져나간 누군가는 논두렁 물꼬에 쓰러져 거대한 얼음수염을 단 미라가 되어 발견되기도 하겠지. 냇물이 흐르는 소리가 속삭임으로 들리는 밤. 물의 혀는 가장자리의 얼음을 날름거리며 흘러 둠벙에 떨어져 얼마간 머물겠지. 우리는 어깨동무를 하고「가버린 친구에게 바침」을 같이 불렀다.

선주(船主)였던 외삼촌이 아버지에게 사준 전자시계는 어느새 내 차지가 되어 있었다. 시계의 버튼을 눌러 시간을 보았다. 19시 20분이었다. 읍내로 나가는 막차는 19시 45분에 있었다. 조그만 항구 마을에서 손님을 태우고 출발한 막차가 이곳을 지나치면 오도 가도 못할 것이다. 바람이 불씨를 불어 재를 날리고 있었다. 동네 친구였다면 아랫사랑 방에서 한 잔 더 하고 자고 가라 했겠지만, 친구는 내일 귀대해야 하는 공수부대 군인이었다. 다음 휴가 나왔을 때 진탕 마시자. 아쉽지만 오늘은 집에 가봐야지. 귀대 전날인데 친구는 나와 같이 있고 싶지 않을 거라 짐작했다. 부모 형제가 기다리는 집으로 가야 한다고 믿었다. 마지막 불씨들이 숨을 몰아쉬는 불탄 자리에서 가는 줄기 연기가 피어올랐다. 우리는 나란히 서서 하늘을 보며 오줌을 누었다. 그러고는 버스 정류소를 향해 걸었다. 비포장길은 자갈을 부려 깔아 놓은 지 얼마 되지 않았다. 공동묘지의 억새꽃들이 희끗거리고 전봇대와 전깃줄을 통과하는 바람이 요상한 휘파람을 내둘러 불었다. 그가 내 어깨에 손을 올리고는 입을 열었다. 편지 써줄 거지? 나도 그의 어깨에 손을 올리고 말했다. 답장 써줄 거지? 길가의 마른 코스모스 대들이 야단법석이었다.

  버스 정류장 팻말을 단 기둥은 기울어 있었다. 기둥을 잡거나 기대어 술기운을 떨쳐낸 사람들과 그 밑에 쭈그려 앉아 토한 사람들의 흔적이었다. 돌팔매 자국이 박힌 팻말이 끄떡끄떡 흔들렸다. 바다를 등지고 언덕을 기어오르는 버스 불빛이 허공에 눈부신 부챗살을 펼쳤다. 언 비포장길 언덕을 채 오르는 버스 불빛이 출렁거렸다. 무슨 말이라도 해야 할 것 같았다. 온몸이 오한으로 떨렸다. 버스가 굽은 길을 퉁겨져 돌아 나왔다. 뭔가를 다지는 것처럼 불빛과 버스가 출렁거렸다. 그의 얼굴이 젖어있었다. 버스가 다리를 건너자 그가 고개를 돌리고 내 손을 잡고 흔들었다. 그의 젖은 눈이 향한 논바닥 밑동 잘린 벼포기에서 올라온 새싹들이 흔들렸다. 정류장에 버스가 멈추고 한 무리의 해안방위병들이 술 냄새를 풍기며 쏟아져 나왔다. 소매로 눈을 훔쳐낸 그가 딸꾹질을 진정시키고는 말했다. 잘, 있, 어, 라. 그의 손을 잡고 내가 대답했다. 잘, 다녀와라. 새하얀 형광등 안에서 그가 가죽장갑을 흔들고 있었다.

  친구가 귀대하고 며칠이 지난 토요일 밤이었다. 옆 동네 주막 흰 조각 타일이 붙은 부뚜막에서 친구들과 술판을 벌였다. 한 친구가 그 친구의 사망 소식을 전하였다. 낙하산이 펼쳐지지 않았다는 것이다. 낙하산이 펼쳐지지 않았다. 친구들에게 죽은 친구는 얼굴과 이름을 겨우 아는 중학교 동창생일 뿐이었다. 화제는 금방 학교생활 직장생활로 옮겨가 있었다. 나에게는 더 이상 그들의 목소리가 들리지 않았다. 나는 둔기로 뒤통수를 심하게 얻어맞은 상태였다. 그가 나를 찾아온 그날의 해름 무렵, 논바닥에 짚 투매를 깔고 앉아있었다. 그가 나를 찾아온 그날로 돌아가고 있었다. 그날의 막차 불빛이 가늘고 꼬불거리는 부챗살 무늬를 펼치고 있었다. 나는 주막 앞 버스 정류장 기둥을 잡고 흔들고 있었다.

탱자

*

낮술에 대취해 무덤 앞에서 뒹구는 여인을 보았다. 도시 근교의 식당에서 비빔밥을 한 그릇씩 비우고는 막걸리도 불콰하게 여러 잔 마신 일행을 먼저 보낸 나는, 책가방을 옆구리에 끼고 과수원을 향해 느릿느릿 걸어갔다. 탱자나무 울타리에서 발광하는 그 진노랑 빛의 탱글탱글한 눈깔에 내가 먼저 홀렸는지, 내가 가만히 있는 그 빛들을 꼬여냈는지는 알 수 없었다. 가시를 패해 손을 밀어넣은 나는 홑 점퍼 주머니마다 농익은 탱자를 따 담았다. 꼭지가 마른 바닥의 탱자도 주워 주머니를 채웠다. 주머니가 채워지자 가방에도 탱자를 담기 시작했다. 나는 웬만한 탱자나무가 몇 년간 꽃을 피우고 열매를 키운 것보다도 많은 양의 탱자를 수확할 수 있었다.

자췻집으로 가기 위해 자전거 페달을 실었다. 단골 구멍가게에 들러 됫병 소주를 두 병 사서 주브 바로 단단히 묶었다. 책가방과 주머니의 탱자들을 옮겨 담은 두 개의 불룩한 비닐봉지를 핸들에 걸고 자취방으로 내달렸다. 수돗물에 씻은 탱자를 네 토막을 내 페트병에 우그려 넣고는 소주를 붓고 흔들기를 반복했다. 탱자 진액이 소주에 섞여 족히 몇 달은 담가놓은 담금주처럼 되었다.

내 자취방은 조그만 동네의 산 초입에 있었다. 그곳에는 수련이 뒤덮은 연못이 있었고 그 앞에 방앗간도 있었다. 탱자나무 울타리 안에 다시 가시철조망을 둘러친 사과 과수원 포도 과수원들이 있었다. 자취방 앞집에는 세 발 모터사이클을 타고 다니는 소아마비 청년이 살았다. 그의 방은 문간방이라 식구들 눈치를 보지 않고 수시로 드나들 수 있었다. 그곳은 적막한 변두리 동네였다. 송전탑들이 산을 넘고 있었고 그 아래 공동묘지가 자리 잡고 있었다.

나는 저녁이 되기를 기다렸다. 자갈을 겹겹이 쌓아 만든 꽃밭에서 소국이 꽃망울을 키우고 있었다. 새빨간 대낮에 술을 마시고 동네를 활보했다간 금세 소문이 퍼져나갈 것이다. 며칠 동안 낯을 들고 돌아다닐 수 없게 될 것이다. 텃밭에서 밑이 그럭저럭 든 무를 뽑아 코펠에 정어리 찌개를 끓였다. 코펠 뚜껑이 들썩거리며 짧고 비릿한 콧숨들이 대숲의 바람과 만나 섞였다.

어두컴컴해졌을 때 쌕에 페트병 탱자 술과 술잔과 숟가락 둘을 집어넣고 데운 정어리 찌개가 담긴 코펠 손잡이를 잡고 그의 불 켜진 문간방으로 향했다. 술잔이 몇 순배 돌았을 때 그는 나를 위해 준비했다고 카세트 플레이 버튼을 눌렀다. 우리는 그날 밤, 패

티 김의 「가을을 남기고 간 사랑」을 반복해 들었다. 그는 한 손에 술잔을 들고 한 손으로 얼굴을 훑어 내렸다. 술잔에 가라앉은 탱자 씨들이 부풀어 오르고 그 자잘한, 희디흰 탱자꽃들이 눈앞에 피었다.

　자췻집에 돌아와 천장을 보고 눈을 깜박이고 있었다. 내가 너를 어떻게 키워놨는데… 눈물이 그렁한 어머니 눈동자가 떠올랐다. 너를 보면 털 난 거미들을 씹어 먹는 것 같으다! 고향 집 위채와 아래채 지붕에 연결된 거미줄에 멈춰있는 가을날 저녁의 털북숭이 거미를 보면서 또다시 술 취해 들어온 아들에게 어머니가 한 말이 떠올랐다. 나는 거미는 먹지 못할 것이다. 더더욱 털 난 거미는 먹지 못할 것이다. 아득히 자전거 벨 소리가 들려왔고 뒤이어 내 이름을 부르는 목소리가 가까워졌다. 그는 개천 건너 기와집에서 자취하는 사람이었다. 시내에서 거나하게 취해 자전거를 타고 귀가하는 길이었다. 한순간 그의 목소리가 비명으로 바뀌었다. 나는 알고 있었다. 자췻집 입구에는 짧은 다리가 있고 다리 밑에는 가지치기한 탱자나무 가지가 버려졌다는 것을. 그는 비틀비틀 걸어오다 다리 밑으로 떨어진 것이 분명했다. 지금 나, 보여요! 나는 그에게 손을 내밀고는 물어보았다. 가시에 눈이 찔렸을까 걱정이 되었다. 다행히 그는 눈을 팔로 가린 채 떨어진 모양이었다. 그는 해맑게 웃으며 혹시, 남은 술 없냐 물었다. 가시에 찔려 온몸이 욱신거릴 법도 한데 그는 이렇게 맛있는 술은 처음이라고 욕심을 드러냈다. 아까까지 마신 술은 탱자 가시에 찔려 다 도망갔으니 이제부터 시작이라고 떠들어댔다. 핸들이 돌아간 마당의 자전거를 힐끔힐끔 쳐다보던 그가 혼잣말을 시작했다. 우리 아버지가 우체부인데… 나만은 자전거를 타지 말라고 하더라고… 하지만… 자전거를 타면 아버지가 가쁘게 쉬는 숨을 나눠 쉬는 것 같더라고… 한참을 뭔가에 꽂혀 지껄이던 그가 벽에 머리를 대고 코를 골고 있었다. 지게를 지고 논두렁길 걸어가는 아버지가 지게 끈을 질질 끌고 가고 있었다. 너라도, 새벽부터 일어나 논두렁 이슬이나 털지 말 거라. 불쌍한 개구리나 쫓지 말 거라. 아버지의 지게 끈이 나를 끌고 가고 있었다. 풀벌레 소리 드높아진 가을밤이었다. 코를 골던 그가 별안간 눈을 뜨고 술상 앞에 앉았다. 우리는 재탕한 탱자 술을 흔들어 마시고 있었다.

*

탱자나무 묘목 여섯 그루를 인터넷으로 주문해 마당에 심고 있었다. 거동이 불편한 앞집 영감님께서 양동이에 수돗물을 나르고 있었다. 마지막 구덩이를 파고 돌아보았다. 저온 창고 앞쪽에서 검은 연기가 솟구치고 있었다. 불은 삽시간에 묵정밭의 마른 잡풀 더미를 태우며 내가 사는 집을 향해 번져오고 있었다. 급한 마음에 119에 신고부터 하고 마당의 수도꼭지를 틀어 집 주변의 마른 풀과 잔디에 물을 뿌리려는데 물이 찔끔찔끔 나왔다. 집이고 차고 뭐고 일단 살고 보자는 생각부터 들었다. 와이어 줄에 묶인 개 목줄을 풀어주었다. 개는 뒤도 안 돌아보고 야산을 타고 금세 사라졌다. 산으로 불이 붙는 건 시간문제였다. 우거진 밭의 마른풀을 잡아먹으며 불길이 야산을 향해 치달았다. 차를 타고 도주하고 싶었으나 독가스 때문에 질식할 것 같았기에 바로 포기했다. 슬리퍼를 신은 채 뛰어가는데 아무래도 남자답지 않은 행동 같았다. 언덕길을 오르다 뒤돌아보았다. 도망가면 후회가 될 것 같았다. 나는 다시 집으로 달려가 작년에 만들어둔 시누대 빗자루를 들었다. 그러고는 묵정밭의 마른풀에 붙은 불을 후려치기 시작했다. 바람의 방향이 서쪽으로 바뀐 틈을 타 산으로 옮겨붙는 불길을 제압했다. 길이 좁아 큰 소방차는 못 들어오고 1t 규모의 소방차들이 들어와 화재진원지인 저온 창고의 검은 불기둥을 제압했다. 불구경을 왔던 인근 주민들이 돌아가고 평소 같으면 막걸리라도 한잔 마셨겠지만 안심이 되지 않았다. 저녁이 오고 초승달이 뜰 때까지 연기 나는 잿더미에 일일이 물을 뿌렸다. 주문한 탱자나무 묘목이 도착한다는 문자가 안 왔다면 나는 일찍 일터로 갔을 것이고, 산불이 크게 번져 집까지 홀라당 태워 먹을 뻔하였다.

 탱자나무의 북방한계선이 강화도인데 이곳은 그곳보다 지대가 높고 기온이 낮아 겨울을 무사히 날 수 있을까. 며칠 전부터 탱자꽃이 보고 싶고 탱자 열매 냄새를 맡고 싶고 탱자 효소와 탱자 술을 마시고 싶었다. 언젠가는 탱자꽃과 탱자 열매를 보게 될까. 언젠가는 탱자 효소와 탱자 술을 마시면서 탱자탱자 놀게 될까.

그곳으로부터

●

 손을 심하게 떨던 시절이 있었다. 식당에서 여럿이 어울려 밥을 먹는데 숟가락을 들지 못하겠어서 창밖의 매실을 바라본 적이 있다. 떨리는 손을 다른 손으로 잡아 탁자에 지긋이 올리고 내가 왜 이렇게까지 됐나 싶어 한심하고 막막해졌다. 핑 도는 눈물을 들키지 않으려고 물을 마시러 가는 척 간신히 컵을 쓸어 들고 밖으로 나왔다. 이틀인가 사흘인가를 연거푸 술을 마셨다. 비가 온다는 핑계로 친구를 만나 막걸리로 시작한 술판은 친구의 아파트로 이어져 토요일과 일요일을 다 잡아먹었다. 서랍에 감춰둔 양주 세 병까지 마신 뒤 단지 앞 편의점에서 다디단 포도주 두 병을 사와 마셨다. 늘어선 술병을 보면 토가 나오고 술기운이 올라와 걸음을 제대로 걷기도 힘들었다. 생수를 들이켜고 택시 안에서 이마를 짚고 오는 동안 심장박동이 불규칙했다. 갈증을 이기지 못해 일어난 새벽에 두 편의 시를 옮겨 적었다. 한 편을 더 옮겨 적을 수 있었는데 더는 소변을 참을 수가 없었다. 화장실에서 나와 나머지 시를 옮겨 적으려는데 소형 아파트 단지가 쩌렁쩌렁 울렸다. 중년 여자의 욕설이 사람들 잠을 깨웠다. 불을 켜고 창문에 붙어 구경하는 사람들이 보였다. 나는 세 편의 악몽을 연달아 꾸었다. 화염에 휩싸이는 아스팔트를 질주하고 있었다. 0.01mm 차이로 불길을 따돌리고 있었다. 곧 길이 끊기고 폭포수로 변한 불길에 떠밀려 낭떠러지를 날았다. 아득한 바다에서 순식간에 석순들이 자랐다. 그때 내 몸무게는 0을 향해 치달았다. 운 좋게 안개 의자에 걸터앉았는데 안개의 미립자들은 내 몸에서 빠져나간 성분들로 구성돼 있었다. 그곳에서는 갖가지 술 냄새가 역겹게 풍겼다. 하지만 나에게는 냄새를 구별할 후각 능력이 없었다. 어이없게도 맡을 수는 없지만 느낄 수는 있었다. 나는 안개 의자에 앉아 내 느낌에 충실한 시를 옮겨 적을 수 있었다.

민들레 씨가 날아가다
살아보자,
내게 붙었지요

나는 어디로 가야 하나요
나는 어디로 가야 하나요

나는 언제까지,

가슴속 손안에

당신을 쥐고 살아야 하나요

나는 민들레 씨를

지난 봄날 햇볕 한 뭉치를

입속에 삼키고 말았지요

—시, 「당신」 전문

꿈에서도 술 취한 상태로 동네 술집을 전전하고 있었다. 술이 너무 취해 탁자에 엎드려 잠든 나를 흔들어 깨웠다. 나를 만질 때의 촉감은 솜사탕을 한 주먹 쥐었을 때의 기분 나쁜 끈적거림이었다. 어디 문지를 데도 마땅찮은 끈적거림이 온몸으로 퍼졌다. 주브 바에 두 손이 묶인 채 모터사이클에 끌려가면서도 나는 긁을 데를 찾았다. 웅덩이를 파고 돼지를 잡은 도랑을 지나고 있었다. 돼지 피 썩는 냄새가 모든 풍경을 정지시켰다. 나는 모터사이클을 추월해 질주했다. 그러고는 모터사이클을 끌고 저수지 둑을 내달려 수문 아래로 투신했다. 벌떡 일어나 눈을 뜨자 봄날의 오후였다. 비스듬히 기운 햇살이 담장의 금들을 조사하러 나와 어슬렁거렸다. 인기척이 느껴지지 않는 골목으로 난 창문에 갓 피어난 장미들이 보였다. 동쪽 열린 창문으로 풍경 소리만이 땡강거렸다.

오른손 검지 손톱 밑 살점이 조금 뜯겼다.
손톱깎이가 살점을 물어뜯은 자리
분홍 피가 스며들었다.

처음엔 찔끔하고
조금 있으니 뜨끔거렸다.

한참 동안,
욱신거렸다.

누군가 뒤늦게 떠난 모양이었다.

벌써 떠난 줄 알았던 누군가
뜯긴 살점을 통해 **빠져나간** 모양이었다.

아주 작은 위성안테나가 생긴 모양이었다.

너는 어디에도 없고 언제나 있었다

　　　　　　　　—시,「너는 어디에도 없고 언제나 있다」전문

관중의 침묵이 곡선형 보도블록이 깔린 링을 주시하고 있었다. 소요 때문에 은행잎들도 부랴부랴 뛰쳐나온 모양이었다. 가로등 불빛을 입은 은행잎의 빛깔이 하도 예뻐서 일방적으로 난타당하는 선수를 잠시 잊고 있었다. 쩌렁쩌렁 울리는 중년 여자의 욕지거리가 달에까지 도착했는지 달무리에서 나온 달이 평생 감당 못할 금화를 디밀었다. 엄청나게 뚱뚱한 중년 여자가 비교적 날씬한 여자를 일방적으로 몰아붙였다. 이삼십 분 동안 코너에 몰려 난타당한 여자는 고개를 숙이고 있었다. 그동안 쌓인 게 얼마나 많았음 저럴까 싶어 동정표를 던지고 싶었다. 뚱뚱한 여자의 삿대질은 동작이 커지고 욕지거리는 악에 받쳐 거칠 것이 없었다. 언젠가 사려다 만 욕 사전에도 아직 등재되지 못했지 싶은 욕들이 자유자재로 구사되었다. 개중에는 베란다 창문을 열고 줄담배를 피우는 이도 있었다. 담뱃불을 붙여 손가락에 끼운 중년 여자가 고개를 들고는 상대편에게 나직이 말하는 목소리가 들렸다.
"너한테 부탁할 게 있는데……"
뚱뚱한 여자는 더 길길이 날뛰었다.
"그게 뭔데…… 그게 뭔데…… 그게 뭐냐고……"
담배 연기를 깊이 빨아들여 길게 내뱉는 여자를 향해 주먹을 그러쥔 여자가 욕지거리 융단폭격을 퍼부었다. 이쯤해서 경찰을 불러야 하는 게 아닌가 싶었다. 더 이상 방관하면 무슨 일이 나지 싶었다. 관중들이 여자를 향해 욕설을 날렸다. 플래시를 든 경비원들이 여자들 주위에 모여 있었다. 하지만 기세가 오를 대로 오른 여자를 제지하지는 못했다. 갑자기 공초를 튕겨버린 여자가 고개를 바짝 쳐들었다. 그러고는 진지한 얼굴로 입을 열었다.

"야, 처음이자 마지막 부탁인데…… 제발…… 다이어트 좀 해라…… 다이어트 좀."

여자가 입술과 주먹을 부르르 떨었다. 곧이어 얼굴이 하얗게 질리더니 눈동자에 흰자위가 들어찼다. 무릎이 꺾인 여자는 이마를 짚고 맥없이 주저앉았다. 관중석에서 시작된 기립박수 소리가 새벽의 아파트 단지를 환호의 도가니로 만들었다. 구급차의 사이렌 소리가 사라지고 불이 꺼지고 있었다. 우리에게는 악몽을 대신 꿔줄 능력이 없었다.

2부

그녀가 내 벗겨져 아무는 피부였고
내 소생하는 의지였고 내 줄행랑치는 심장이었다.
그녀는 언제나 나에게는 질 수 없는 나로 살게 해주었다.
그러나 그녀는 내가 사라진 후엔 아무것도 아니게 되리란 걸 모를 것이었다.
나는 내가 아닌 '나'였고 그녀 또한 네가 아닌 '너'였으므로.

내성적인 사랑

●

은행나무 둘레에 버려진 자취 살림 도구들
MDF 옷장과 침대와 두 칸짜리 비닐 소파와 냉장고와
비닐봉지에 쑤셔 박힌 이불 더미와 말라비틀어진 화분과
심하게 금이 간 어항 속 인조 물풀들이 은행잎에 덮인다
이삿짐을 실은 트럭이 골목으로 진입하자
하수구 뚜껑들이 벌렁거리기 시작한다

붉은 끈을 동여맨 잡지 더미에서
『1990 신춘문예 당선 작품집』과
이성복 시집 『남해 금산을』 꺼낸다

예쁘고 착해 보이는 규진이 언니
열심히 살아가세요

생일 축하하고
이성복 씨 같은 내성적인 사랑은 하지 마라

약수터 어귀 미루나무는 저녁 어스름을 꼬챙이로 꿰매 들고
소통 불가능한 말을 흘린다 풍 맞은 남자는 무당의 무음
방울지팡이를 바닥에 꽂고 돌리면서 딴청을 부린다 그는 지금
오래된 냄새의 진원지를 찾아가고 있는 중이다

자전거로 귀가하는 남자는 엉덩이를 들어 올리고
핸들을 비틀어 잡는다 고지가 바로 저긴데 바로
언덕으로 치달으며 이륙하는 제트기 소리를 낸다

눈물이 쏙 빠지는 행복이 더 이상
당신을 찾지 않을 때 나는 비로소
당신의 만성비염까지 사랑하기에 이를 것이다

축축한 등줄기 결리는 은행잎에 누워 쿠린내와
약수 맛과 외국으로 나가는 여객기 배때기에서
시작된 휘파람을 부를 것이다

—시, 「내손동」 전문

공원 잔디에 누워 여객기를 바라보곤 하는데 그때마다 거대한 상어의 배때기와 만나게 되고 상어 뱃속에 든 사람들과는 상관없이 이곳이 바닷속이라는 상상을 하기에 이른다. 나는 휘파람을 불고 있는 나를 발견하곤 한다. 외국 바람을 먹어보지 못한 내가 외국 나가는 사람들과 외국에서 돌아오는 사람들을 위해 휘파람을 불 수는 없다. 하지만 나는 내 휘파람 속의 외국에 내손동이 있다는 것을 잘 알고 있다.

단순히 길을 잘못 들었다 하기엔 그곳에서의 한나절이 너무나 치명적이었다. 낮은 집들이 똥장게 딱지처럼 붙어있는 동네의 풍광에 푹 빠진 나는 공터에 차를 세우고 약수부터 들이켰다. 약수터의 미루나무를 바라보는데 주책없이 눈물이 흘렀다. 아무도 오지 않는 어린 날의 추석이 떠올랐기 때문이다. 바깥마당의 쪽마루에 앉아 바라보던 미루나무는 베어진 지 오래되었다. 미루나무 잎사귀들이 생선 비늘 냄새를 불러오기 위해 요란스럽게 까탈을 부리고 있었다.

동네를 몇 바퀴 돌았을 때야 비로소 단풍잎이 떨어지는 은행나무가 눈에 들어왔다. 버려진 궁색한 자취 살림 도구들 귀퉁이에 붉은 끈에 묶인 책더미가 보였다. 거기서 이성복 시집 『남해 금산』을 꺼내 들었다. 단출한 이삿짐을 꾸려 떠나는 이가 규진 씨인 모양이었다. '예쁘고 착해 보이는 규진이 언니/ 열심히 살아가세요' '생일 축하하고/ 이성복 씨 같은 내성적인 사랑은 하지 마라' 두 사람이 규진 씨 생일 선물로 준 시집인 모양이었다. 이삿짐을 실은 트럭이 하수구 뚜껑을 밟고 동네를 빠져나가는데, 그동안의 '내성적인 사랑'을 들킨 사람이 그렇지 않을까 싶었다. 처음엔 얼굴이 화끈거리고 시간이 흐르면 가슴이 아파 먹먹하게 되는 것. 파편을 뿌리는 여객기가 지나가고 풍 맞은 남자가 지팡이를 짚고 제자리를 걸었다. 라면 끓이는 냄새가 달려오고 생일인 줄도 모르고 라면을 끓여 먹고 나온 남자가 풀밭에 앉아 등에처럼 시든 토끼풀꽃을 더듬고 있었다. 그이를 보고 나는 메모장에 옮겨 적었다. '눈물이 쏙 빠지는 행복이 더/ 당신을 찾지 않을 때 나는 비로소/ 당신의 만성 비염까지 사랑하기에 이를 것이다' 나는 그때나 지금이나 늙은 시절과 대면하고 있다. 다 살아버린 듯이 울컥해져서 그를 통해 나를 떠올리고 아픔을 만들어낸다. 어머니가 나를 두고 하신 말씀이 있다. 물뱀을 독사로 만드는 재주를 타고났다. 그보다는 상처를 발명해 내는 재주를 타고난 게 아닐까. 내 안에 들어온 그들은 왜 상처투성이가 되고 삽날에 목이 찍힌 뱀이 되는 것일까. 어디로 가는지도 모르면서 어디로도 갈 수 없으면서 어디든 갈 수밖에 없는 그들과 나는 한 몸이 되곤 한다. 그래서 잔디에 누워서도 심해어가 될 수밖에 없었다.

　당신이 곁에 있어 의식만 할 뿐, 아무 말도 하지 못하고 자취방으로 돌아오는 저녁이 있었다. 무슨 말이든 하고 싶었지만 결국 어떤 말로도 전달할 수 없다는 걸 안 이상 내성적인 사랑은, 언젠가는 당신이 호흡한 공기를 내가 호흡하게 되리라는 것만으로도 희망적이었다. 내가 호흡한 공기를 언젠가는 당신도 호흡하게 되리라는 기대를 품게 되었다. 여객기 배때기를 보면서 휘파람을 불었고 여객기 배때기를 보면서 휘파람 소리를 들었다. 그리하여 여객기 배때기에서 시작된 휘파람을 불러올 수 있다고 믿었다.

그 옛날 경기도 의왕시 내손동을 거니는 나를 위해 휘파람이 필요할 때가 있었다. 나를 위해, 또한 다시 태어나는 당신을 위해, 17년째 꼬깃꼬깃 간직한 시를 읽어주고 싶을 때가 있었다.

그곳에서 살고 싶었는데 머뭇거리다 기회를 놓치고 말았다. 그곳을 다시 찾았을 땐 너무 훼손되어 예전의 모습을 찾아볼 수 없었다. 그 시절의 당신이 그리울 때 호흡을 가다듬고 내손동을 읽었다. 나는 지금에 와서 짝사랑 당신과 그곳에서 17년을 숨어 살았다고 우기는지도 모른다. 아니 당신과 제대로 살기 위해, 17년을 기다려 왔다고 울먹거리는지도 모른다.

대파 술잔

●

　수천 년 전 대파 꽃봉오리들이 포석정 술잔처럼 떠서 돌아오고 막다른 구멍으로 도주하는 쥐새끼가 바로 뒤를 돌아보는 착각에 빠졌다 단박에 고통을 제어할 기억생성장치가 고장 난 우리의 심장을 꿰뚫어 버릴 작살은 쥐어지지 않았다 어묵공장 기숙사를 기어 나온 삐뚤이소라의 귀지 같은 낮달이 당신의 눈동자 동공 우물 뚜껑을 밀었다 송사리 배때기 허옇게 떠오른 실개천 폐수에서 아무런 생각 없이 부양한 썩는 돼지 피 냄새를 맡고 입으로 숨 쉬는 연습을 하였다 우리의 그러쥔 주먹은 펴지지가 않았다 채점하지 않은 로또 번호와 태어나지 않을 다음 생의 성별을 맞추는 짤짤이 동전소리가 허공을 맴돌았다 한나절 태양이 대파 꽃밭을 스캔하는 동안 우리는 방광처럼 숨이 막혔고 지나간 얘기를 반복해 지껄였다 때로는 서로의 이름이 생각 안 나 이상형 이름으로 지어 불렀다 우리의 머리가 지나치게 자란 혹이라는 의견에 박수소리가 들렸다 내가 먼저 죽으면 생매장을 해줘요 다시 불 속에서 꺼내는 수고를 덜어주고 싶어요 한쪽 눈을 감고 우리를 보고 피해간 사람들을 위해 방울 소리가 날 때까지 찢어진 대파 술잔을 기울여요 어떻게 살까를 궁리할 때는 몰랐어요 어떻게 죽을지 고민하지 않을 수 있겠다 싶은 저녁이 오고 있었다

—시, 「대파 술잔」 전문

최소한 내가 있을 곳은 여기가 아니라고 여겼다. 오랫동안 말더듬이로 산 나는 주눅이 들어 혼자 있을 때도 고개를 숙였다. 바닥을 보고 빠른 걸음으로 걷다가도 누군가 아는 척이라도 할라치면 뜀박질하였다. 편한 상대가 말을 걸어도 대답하지 않았다. 반벙어리란 걸 더 들키고 싶지 않아 사람들을 피해 쏘다녔다. 언젠가부터 나는 속으로 혼잣말하는 존재가 되고 말았다. 코로 쉬는 숨이 한결 편하게 느껴졌다.

    곁눈질로 대파의 꼿꼿함과 대파꽃의 당당함과 억센 줄기를 보아왔다. 대파의 매운 냄새를 매운맛으로 변환시키는 재주는 눈물을 통해서만 가능했다. 내가 하는 생각과 상상은 누구도 알아서는 안 되는 것이었다. 그마저 들켜버리면 나는 죽은 지렁이만도 못한 존재가 된다는 착각에 빠졌다. 죽은 지렁이는 바닥에 있었고 개미들이 끌어가고 있었다. 사람들은 내가 하는 생각과 상상을 염탐하기 위해 말을 붙이려는 거고 멀쩡하게 꿍꿍이속으로 내 눈을 들여다보는 것이었다.

천변의 길쭉길쭉한 대파밭 꽃들은 지나치는 기차들의 엄살을 간파한 지 오래였다. 흰 마스크를 낀 사람들이 자전거를 타고 지나다녔고 경보를 하는 사람들과 조깅하는 사람들이 오가고 있었다. 나는 기시감에 사로잡혀 대파밭을 비틀비틀 걸었다. 누군가에게 전화를 걸어 소주 한 병 사 오라 부탁하고 싶지만 내 혼잣말은 천변을 맴돌았다. 대파 밭이랑을 이어 붙인 곳에는 삼십몇 년 전에 문을 닫은 구멍가게가 있었다. 나는 그곳으로 눈을 감고 걸어갔다. 새로 돋은 포플러 이파리들이 나를 불렀다. 노깡 우물물을 퍼 빨래를 헹구는 젊은 어머니는 나를 모르는 눈치였다. 나는 그림자를 숨기고 휘어진 길을 걸었다. 죽은 사람들이 구멍가게 앞 평상에 둘러앉아 선학 소주를 마시고 있었다. 나는 그들에게 들키지 않으려고 뒷문을 통해 구멍가게로 들어갔다. 선학 소주 됫병을 쌕의 주둥이를 넓혀 숨겼다. 구멍가게를 나오려는데 방문이 열리고 누군가 내 이름에 오빠를 붙여 불렀다.

나는 일 년 후배인 그녀와 대파밭을 걸었다. 대파 대를 둘 꺾어 들고 팔각정으로 가 미지근한 선학 소주를 마셨다. 그녀는 오래전에 이혼해서 아이 둘을 혼자 키웠고 얼마 전에는 동네에서 근무하던 군인에게 떠밀어 시집보낸 어머니마저 떠나보냈다고 했다. 삼십몇 년 전에도 길쭉한 목울대 대파 술잔이 버려졌다. 그녀가 시집간 줄도 모르고 이혼한 줄도 모르고 혼자 사는 줄도 모르고 목울대 대파 술잔은 끈적거렸다. 벌써 꽃이 진 배밭 너머로 해가 떨어지고 있었다.

긴고랑길*

오른손이 따르고
오른손이 잔을 들어
입에 붓는다.

그렇게 망가뜨리는 게
인생 아니겠는가!

초저녁의 포장마차에서
숟가락 젓가락통에
취한 머리를 누인 자,
천벌 받는 자다.

방안에 틀어진 TV의

* 서울시 광진구 중곡동 소재.

쇼 프로나 뉴스 같은 것과는
동떨어져 숨 쉬는 자다.

술집에서도 일찍 쫓겨나
정신없음으로,
하루치의 불행을 까먹은 자,
그는 진정 구원받은 자다.
구원받길 갈망하는 자다.

이 길에도 언젠가, 단풍이 떨어져 내려
앙상한 가지들 위로 얼어붙은
물속의 하늘이,
쿵쿵 짓이겨져 갈라져
드높이 펼쳐지리라.

한쪽뿐인 불구의 가슴이
하염없이 시려 오리라.

—시, 「긴고랑길」 전문

불볕더위가 기승을 부리는 나날이었다. 책상과 이불 옷가지를 리어카에 실었다. 선 월세 십만 원짜리 방을 구했다. 시장에서 산

비키니 옷장이 불룩하게 잡동사니를 쑤셔서 넣었다. 방 문턱이 높아 소주 박스를 밟고 들락거렸다. 286 도스 컴퓨터를 연결하고 철제책상 앞 쪽창을 열었다. 한 사람이 옆으로 서서 간신이 지나다닐 만한 폭의 음습한 공간이 나왔다. 그곳의 시멘트벽엔 곰팡이 슬어 있었고 잘린 안테나선 전화선들이 늘어져 있었다. 창문의 모기장 구멍은 먼지로 막힌 지 오래였다. 모기장을 뜯어 마당의 수돗가에서 칫솔질하였다. 나와 연배가 비슷해 보이는 부부가 거실의 사자 겨울 털빛 천 소파에 앉아 물끄러미 지켜보았다. 모기장의 물기를 털어 방문 앞 신발장에 올려두었다. 출판사로부터 한 달 내 세 권짜리 소설을 고치는 일을 받았다. 한 달이면 소설 다섯 권은 충분히 고칠 수 있다고 큰소리를 쳤다. 한 달은 어디라도 갔다 올 수 있는 시간이었고 나는 무엇이든 맡겨만 주면 쳐부술 자신이 있었다. 실화를 바탕으로 쓴 누군가의 자전소설을 고치는 일이었다. 문장만 슬슬 고치면 되는 간단한 일이었다.

 대추나무가 쪽창 밖 음습한 벽 사이 공간에 있었다. 거무튀튀해 죽은 줄로 안 대추나무에 자잘한 꽃이 피었다. 온갖 쓰레기들이 바닥에 쌓여 있었고 쥐와 고양이만이 그 통로를 오갔다. 유아원에 다니는 주인집 남자아이가 화문석 발을 들치고는 방안을 둘러보았다. 뭐 별다른 게 없고 아는 체하지 않아도 아이는 종종 발을 들치고 안을 둘러보았다. 자판 두드리는 소리만 들리는 방안에 뭐가 있는지? 뭐 하는 인간인지? 고정 간첩은 아닌지? 책상의 둥근 거울로 눈이 마주친 녀석은 혀를 쏙 빼고 달아났다가 어느 순간 다시 나타나기를 반복했다. 세 든 사람이 사용하는 대문 옆의 변소에서 골치 아픈 냄새가 나기 시작하여 방문을 닫고 살아야 했다. 선풍기를 쪽창에 올려두고 담배 연기를 빼내야 했다. 부엌으로 통하는 쪽문으로 나가 물을 뒤집어쓰고 들어오면 30분 상간은 화기가 덜했다. 하지만 오후의 찜통더위는 방안을 화로로 만들기에 충분했다. 방을 욕조로 만들면 모를까 방에서 숨쉬기 불가능한 상태가 되었다. 운동복 바람에 슬리퍼를 끌고 여닫을 때마다 휘청거리는 검은 철 대문을 나섰다. 뱁새눈이 찢어지고 웃자란 털이 달라붙은 발바리 개와 남자아이가 동시에 따라나섰다. 아이를 따라 애 엄마가 후닥닥 뛰쳐나왔다. 아이는 엉덩이를 몇 대 갈겨 맞고는 집 안으로 끌려들어 갔다. 나는 애 엄마가 한 손으로 가린 가시지 않은 푸른 멍을 얼핏 보았다. 그것은 식물이 머금은 푸른빛과는 사뭇 다른 느낌이었다. 나는, 그 빛이 어떤 조화를 부림을 어렴풋이 느낄 수 있었다. 영원히 알지 못할 느낌을 내게 숙제로 남겨둘 거라는 것을, 나는 모니터를 들여다보면서도 짐작하고는 하였다. 내 머릿속엔 빠져나갈 수 없는 커서가 껌벅거렸다. 제아무리 독주를 마셔도 소용없는 일이었다.

양버즘나무 가로 술집이 늘어서 있었다. 농촌 지역의 읍내 터미널 근방에서나 볼 수 있을 법한 너저분한 술집이었다. 문을 열기 무섭게 손님이 들어서니 반갑지 않을 수 없었다. 쥔장은 어제 팔지 못한 안주를 추천해주었고 나는 딱히 가리는 게 없어 별말 없이 받아들였다. 담뱃갑을 까놓고 뭔가를 끄적거리다 일을 마치고 떠날 여행계획을 세우다 결국에는 나도 못 알아볼 낙서를 하였다. 삐삐에 전화 번호가 찍히면 공중전화로 달려가 전화를 걸었다. 벌써 취한 사람과 퇴근 후 술자리를 같이할 사람은 서울 도심에는 없었다. 너희들은 너희들끼리 나는 나대로 잘 살면 그만이었다. 설비 집이 늘어선 건너편을 보도를 바라보았다. 그쪽은 응달이고 평상을 내놓은 가게가 대부분이었다. 주인집 남자는 설비 일을 하고 있었다. 대판 취해 집을 찾아온 그는 거만한 장군이 되어 검은 철 대문을 작업화로 걷어차곤 하였다. 내가 누군지 알아 *새끼들아! 어서 문 안 열고 뭣하고 들 있어! 이것들이 죽으려고 빽 쓰는 거야 뭐야 이것들이! 보자 보자 하니까 이것들이 정말 보자기로 보이나 보지 이것들이 정말! 덜렁거리는 철 대문을 잽싸게 안 열어주자 그는, 담을 타고 올라 집으로 뛰어내릴 태세였다. 그는 마누라가 아이를 데리고 친정에 갔음을 까먹었다. 담에 올라간 그는 양팔을 들어 올려 포효하듯이 자신의 왕국으로 뛰어내렸다. 하지만, 그의 포효는 그리 오래가지 않아 비명으로 바뀌었다. 전깃줄에 턱이 걸린 그는 담벼락에 뒤통수를 박고 마당에 턱을 찧고 말았다. 피범벅이 된 그의 울부짖음을 나는 제대로 들을 수 없었다. 그는 불을 켜둔 채 잠든 내 방문을 두드리며 살려 달라 애원하였다. 앞니가 부러져 신경이 너덜거리는 그는, 으르렁거리는 내 코골이 소리에 기겁해 기절하고 말았다.

  그가 마스크를 끼고 나타났을 때, 나는 의기소침해진 불도그를 보았다, 그는 곁눈질하였다. 밤마다 마누라를 쥐 잡듯 한 그였지만 동네 사람들 누구도 끼어들지 못했다. 아침에 마주치면 한없이 순한 양의 모습인 그를 의심치 못했다. 그의 아내의 푸른 멍 자국이 그의 구타의 흔적이라는 걸 나만 모르고 살았다. 간신히 새벽에 일어나 소설을 고쳐 쓰는 일을 하면서도 종이컵에 소주를 따라 마셨다. 그 한 달 동안 나는, 그곳에 들어앉아 회피하는 삶을 살았다. 손님이 몰리는 퇴근 이후 시간이면 술집에서도 쫓겨나와 오갈 데 없는 신세가 된 나였다. 그리고 담뱃갑 은박지에 비뚤비뚤 이어 내 아픔 내 옹알이에 치중한 시 한 편 겨우 써냈다. PC방에 가서 고친 소설을 보내고 번잡한 짐을 박스에 담았다. 발판으로 삼았던 소주 상자에 따지 않은 소주가 보였다. 아침께 개나 고양이 삽니다. 개나 고양이 삽니다. 개 파슈. 개나 고양이 삽니다. 개 파슈. 개장수가 125cc 모터사이클에 철장을 싣고 골목을 돌았다. 용달차가 들어올 수 없어 골목 밖으로 상자를 들어 날랐다. 마지막 상자를 가지러 가자 남자아이 엄마가 선글라스를 끼고 거실에서 나와 수도세 전기세를 뽑은 쪽지를 내밀었다. 때마침 남자아이가 뛰어 들어와 다리를 꼬았다. 바로 바지를 내린 애 엄마는 수돗가로 아이를 데려가 오줌을 뉘었다. 오줌을 지르는 아이의 엉덩이가 너무 하얘서 엄마의 눈두덩은 이끼 푸른 그늘처럼 보였다. 그날만큼은 변소에서 나와 마당을 기어가는 구더기조차 징그럽지 않았다.

조새[*]

생일상을 물린 어머니가 넌지시 안면도에 가보자는 말을 꺼냈다. 새벽에 내려온 가족들은 선뜻 대답하지 못했다. 동생들은 졸린 눈으로 하품하고 조카들은 핸드폰에 빠져 있었다. 그러거나 말거나 어머니는 바다에 가서 굴을 좃(까)고 바지락을 긁어왔으면 좋겠다 말했다. 어머니가 잘하는 일 중 으뜸은 갯일이었다. 바닷가 태생인 어머니가 농사짓는 집안에 시집와서 쉴 수 없었던 것은 늦가을에서 이른 봄까지 하는 갯일 때문이다. 추수가 끝나면 어머니는 갯일을 하러 다녔다. 개펄을 뒤져 굴과 바지락 피조개 소라 칠게 박하지를 쪼고 긁고 잡아 대소쿠리와 양동이에 담아 날랐다. 니들 가르칠 동안만 하고 그만둬야지 했어. 그땐 집을 깨끗하게 치우고 도시 사람들처럼 살아봐야지. 어머니의 바람은 자식들 결혼할 때까지로 미뤄지더니 이제는 자식들 먹거리를 대기 위해 쉬지 못한다.

---
[*] 굴을 쪼아 담는 연장.

도통 전화하지 않는 내게도 가끔 전화를 걸어오는 어머니였다. 씨암탉이 너무 컸어. 더 질겨지기 전에 어여 와서 먹고 가야지. 하루 전에 전화하면 잡아놓을 뗑게 꼭 전화하고 내려와. 오늘 아침에 새로 담은 김치 부쳤으니 잊지 말고 냉장고에 넣어. 김치냉장고 없음 소 팔아서라도 사줄 테니… 나는 김치냉장고 놓을 자리가 없다고 사양하지만, 어머니는 넓은 집을 사준다는 말은 좀체 꺼내지 못한다.

몇 번인가 대리석 계단에서 미끄러져 다친 후로 부쩍 겁이 많아진 어머니였다. 그래서 현관으로 통하는 계단 옆에 난간 손잡이를 만들었다. 얼마 가지 않아 생나무 손잡이가 매끈해졌다. 축사에서 소가 한두 마리씩 줄어드는 걸 지켜보면서 씁쓸해졌다. 이제 힘에 부친다는 증거였다. 농사는 일 년만 더 짓고 내놔야지. 일 년만 더 짓고. 일 년 일 년 연장한 농사를 올해부터는 반만 남기고 남 줬다고 말할 때, 어머니는 함석지붕 위로 올라온 측백나무 벼슬을 바라보았다. 옥상에 올라가 달을 보고 있는데 어머니가 술상을 차려 왔다.

달을 보니 좋지? 옴마는 달을 보면 니들 얼굴밖에 안 떠올라야. 시간이 더디 가는 줄 알았는데 금방 다 갔어야. 새벽에 일어나 왔다 갔다 하다 보면 아침 먹을 시간이 되지. 들에 나갔다 돌아와 점심 먹고 잠깐 눈 붙이고 일어나면 또 나가야지. 캄캄해져 돌아와 저녁밥 지어먹고 나면 몸이 천근이지. TV 틀어놓고 누워 잠깐 보다 보면 스르르 잠이 들지. 어머니는 웃는 얼굴로 나를 쳐다보며 물었다. 넌 지금 어디쯤 와 있는 것 같으냐? 나는 넌지시, 아직 태어나지 않은 것 같다고 말하려다 그만두었다.

어머니를 따라 바다에 다니던 때가 엊그제 같았다. 구멍 숭숭 뚫린 꺼칠한 스웨터에 낡은 잠바를 껴입은 젊은 어머니는 대소쿠리에 조새와 호미를 챙겨 들고 개펄로 들어갔다. 어머니는 물새처럼 작아져서 썰물 근처에서 갯일을 했다. 나는 어머니가 피워준 해변의 모닥불에 고구마를 구워 먹고 심심해져 참다못해 집으로 돌아왔다. 한참을 놀아도 어머니는 돌아오지 않았다. 배고픈 나는 사철나무에 올라가 바다로 통하는 산길을 내다보았다. 양동이를 이고 대소쿠리를 든 어머니가 땅거미와 함께 돌아오면 아궁이 앞에서 즉석 해물 잔치가 벌어졌다. 우리는 어머니가 아니라 굴 호의(굴회)와 아궁이 숯불에 구울 피조개, 소라를 기다렸는지도 모른다.

어머니와 나 여동생 셋이서 안면도로 출발했다. 우리가 도착한 드르니항은 여느 어촌이랑 다를 바 없었다. 조새와 소쿠리를 든 어머니가 굴을 쪼기 시작했다. 해풍에 날아가는 어머니의 말이 이어졌다. 굴을 쪼면서 맛나게 먹어줄 너희들 얼굴을 떠올리면 실실 웃음이 나왔다. 허리가 끊어질 듯 아파도 손발이 얼어 터져도 볼때기가 면도칼에 올려지는 것 같아도 너희들을 생각하면 물이 차오르는 줄 모르고 굴을 좇(까)게 됐다. 조금만 더 조금만 더 욕심을 부리다 보면 꼴찌로 남게 됐지 뭐냐. 너희들 먹일 생각으로 단걸음에 달려갈 수 있었다. 조새는 옴마 눈이었어. 불쌍한 내 새끼들 먹여 살릴 궁리만 하는, 조그맣지만 언제나 흰 빛을 잃지 않는 눈이었어. 우리는, 어느 작은 짐승의 날카로운 부리와 뿔처럼 생긴 조새가 굴을 쪼아 소쿠리 속 바가지에 담는 것을 지켜보았다.

낮달

●

    대사 집에 도착한 그는, 허겁지겁 잔치국수 일곱 그릇째를 걷어 들였다. 동북향의 외딴 움막에서 홀아비로 산지 2년째가 된 그였다. 허리를 펴고 원통 의자에 궁둥이를 붙이고 나니 숨도 못 쉴 정도로 배가 불러왔다. 배가 불러와 담배를 피울 힘도 남지 않았다. 잔치 음식을 훑어보았지만 더는 들어갈 자리가 없었다. 음식 앞에서 목이 메고 구토가 나오려 하였다. 참 오랜만에 느껴보는 호사, 그 이상의 호사가 없었다. 마치 폭주를 한 새벽에 담뱃불 붙일 힘도 없을 때 누군가 찾아와 방안에 담배 연기를 채워준 느낌이었다.
    질척거리는 바닥을 짚고 슬로비디오로 일어선 그는 깡마른 다리에 껴입은 코르덴바지 허벅지 뒤편에 손바닥을 문질러 닦았다. 노간주나무 지팡이를 짚고 열어놓은 나무 대문을 향해 걸을 때였다. 농협의 배달 기사였던 김 씨가 그의 바지를 움켜잡은 것이었다. 동네 사람 험담을 일삼은 대가로 외톨이가 된 김 씨의 얼굴은 터지기 직전의 홍시, 그 자체였다. 그의 면상을 올려다보며 김 씨가 짧게 지껄였다.

"술을 두고, 어델 가려고."

그는 김 씨 옆에 붙잡혀 쭈그려 앉고 말았다. 점점 배가 불러와 더는 미적댈 계제가 아니었다. 그에게는 술잔을 들어 올릴 힘도 들어갈 자리도 남아있지 않았다. 김 씨가 술을 가지러 간 사이, 그는 팽창하는 배를 감싸고 간신히 일어날 수 있었다. 대문간까지 걸어간 그는 오른 다리를 들어 올렸다. 그러고는 대문 밖에 지팡이를 넘겨짚었다. 그 순간, 간신히 들어 올린 오른발이 대문턱에 걸려 중심이 무너지고 말았다. 대문 바닥에 널브러진 그는 자신도 모르게 벌떡 일어나 손바닥을 빗겨 털었다. 그러고는 자신을 바라보고 웃는 사람들을 향해 사람 좋은 웃음을 짓고는 너스레를 떨었다.

"밀 것은 다, 헛것이여!"

갯바람이 차가운 이른 봄날, 그는 돌담을 더듬어 짚고 대사 집을 벗어날 수 있었다. 하눌타리 마른 줄기 마른 열매 걸린 측백나무 아래 쭈그려 앉아 연거푸 구토하였다. 눈이 벌게진 그가 벌게진지 한참 된 태양과 만날 수 있었다.

움막의 슬레이트 지붕 용마루 자리에 접시형 안테나가 보였다. 지난달 유료 성인 방송 체납분 삼십몇만 원이 떠오르고 이번 달 요금이 밀려오고, 다시 대사 집으로 돌아갈 수도 없고 대낮에 움막으로 일찍 돌아갈 이유도 없었다. 노래진 낮달이 구름을 비집고 달리고 있었다. 전 재산을 들고 집 나간 마누라, 종적을 감춘 마누라 따뜻한 등짝을 잊지 않으려고, 오래도 참고 견뎠다. 2년 전 실내포차를 접고 마누라와 고향 마을로 흘러들었다.

바닷가에 번듯한 집 한 채 짓고 살기로 약속했지만, 소용없는 바람이 되고 말았다. 힘이 빠진 뒤로는 하루를 버티는 게 전부가 되었다. 홀연 단신 월남한 홀아비 김 씨가 죽고 그의 지상권 움막에 들어가 바다와 신작로를 내다보며 살았다. 방문을 열면 꼬리를 흔드는 발바리 개를 키우며 살았다. 만날 수 없는 태양과 낮달이 한 하늘에 공존하는 날이었다.

그는 간신히 몸을 일으켜 대사 집을 향해 걷기 시작했다. 윗주머니에 손을 찔러 넣자 아침에 구겨 넣은 손수건이 잡혔다. 먹다 남긴 잔치 음식을 싸 와 개와 사이좋게 나눠 먹을 참이었다. 봄바람이 개 짖는 소리를 채가 똑바로 들려오지 않았다. 햇살이 쏟아지고 부들 씨앗이 날리었다. 또 보이지 않는 손들이 허벅지 피부에 진공 흡착 실리콘 걸이를 붙이고 흔들어대었다. 경련은 곧 전달에 끊긴 핸드폰 진동으로 바뀌어있었다.

자기 몸에 부리를 꽂고 사는 새

●

　대문 안 은행나무에 잎이 돋아나 있었다. 그는 슬리퍼를 끌고 나와 조그만 마당 벤치에 진열된 선인장을 훑어보았다. 잔가시가 박힌 선인장을 쓰다듬는 시늉을 하다 고개를 들어 담배 연기를 천천히 불어내었다. 세를 놓는 다가구주택의 방문들이 3층까지 다닥다닥 붙어 있었다. 비둘기가 똥을 갈긴 옥탑방 아스팔트 싱글 지붕 꼭대기에 위성안테나가 달려 있었다. 거동이 불편한 늙은 시츄를 안고 아침 산책하러 나간 마누라를 기다리던 그는 대문이 덜컹하자 냉큼 그쪽을 돌아보았다. 누군가 잠기지 않은 대문을 두드리고 있었다. 방을 구하러 온 사람이겠거니 짐작한 그는 점퍼 주머니에서 핸드폰을 꺼내 마누라에게 전화를 걸었다. 말끝마다 한숨이고 잔소리가 심한 마누라지만 자신을 걱정해주는 유일한 사람이었다. 얼마 전 큰딸이 찾아와 잔소리를 늘어놓을 때였다. 옆에서 가만히 지켜보고 있던 마누라가 오랜만에 웃음 짓더니 큰딸에게 넌지시 말하는 것이었다.
"얘야, 너는 잔소리가 나보다 훨씬 심하다."
마누라는 전화를 받지 않았다. 요즘 들어 부쩍 귀가 어두워졌는데도 자꾸 진동으로 설정해놓은 마누라 핸드폰은 주방이나 안방을 굴러다니고 있을 것이다. 벨 소리로 설정해놔도 그때마다 진동으로 바꿔버리곤 하였다. 뭐가 무겁다고 핸드폰을 안 들고 나가. 뒤룩뒤룩 살진 개는 안 무겁고. 그가 혼잣말할 때였다. 대문 밖에서 젊은 여자 목소리가 들렸다.
"어머님, 안 계세요?"
젊은 여자가 마누라를 찾아온 모양이었다. 그는 눌린 머리를 쓱 빗어넘기고는 대문을 열어주었다. 그러자 젊은 여자가 여자아이의 손을 잡고 꾸벅 인사를 하는 것이었다.
"아버님, 안녕하셨어요?"
그는 젊은 여자의 얼굴을 보고는 흠칫 놀라고 말았다. 얼마 전에 결혼한 늦둥이 아들이 군대 가기 전 사귄 여자가 분명했기 때문이다. 그는 난감해져 여자아이와 여자를 번갈아 바라볼 뿐이었다. 네다섯 살로 보이는 여자아이가 그의 얼굴을 올려다보고 있었다. 아이는 늦둥이 아들을 너무나 빼닮았다. 그는 어찌할 바를 몰랐다. 때마침 나타난 마누라가 구세주와 같았다. 그는 잽싸게 마누라에게 다가가 당신을 찾아왔다 전하고는, 공터에 주차해둔 차에게로 가서 시동을 걸었다.
차를 몰고 고수부지에 가 켕기는 가슴을 진정시켰다. 점심때가 지나 돌아와 보니 젊은 여자와 여자아이는 보이지 않았다. 마누라는 가슴을 쓸어내리고 비겁한 그의 행동을 질책하는 대신 여자를 잘 타일러 돌려보낸 후일담을 들려주었다.

늦둥이 아들과 사귄 여자는 아들이 군대에 가고 서너 달 만에 이별을 통보해 왔었다. 새로운 애인이 생겨 곧 결혼한다는 게 이유였다. 아들과 여자는 대학의 동아리에서 만나 4년을 사귄 사이였다. 두 집안에 인사는 물론 수시로 드나들었다. 아들이 제대하고 취직하면 결혼할 거라 믿었다. 하지만 일방적으로 이별을 통보한 여자는 전화 번호는 물론 직장도 바꾸었고 이사까지 해버려 행방을 찾을 길이 없었다. 대학 동아리 친구들도 여자의 소식을 아는 사람이 없어 아들이 애태우던 모습이 아직도 선했다.

"얄궂데이."

혼잣말을 이어가던 마누라가 연거푸 한숨을 내쉬었다. 대기업에 취직한 아들은 지지난달에 직장 동료와 1년간의 연애 끝에 결혼하였다. 신혼의 꿈에 젖어있는 아들에게 네 딸을 데리고 옛 애인이 찾아온 얘기를 전할 수는 없는 노릇이었다. 굳이 유전자 검사를 해볼 필요도 없었다. 늦둥이 아들과 여자가 데려온 여자아이의 얼굴만 봐도 둘의 관계는 명확해졌기 때문이다. 마누라가 그의 얼굴을 올려다보며 입을 열었다.

"이 일을 우짜면 좋노."

결혼한 여자는 한 달 만에 이혼하고 지금은 친정에 들어가 산다 했다. 예전부터 과소비가 심해 명품을 두르고 다니던 버릇을 고치지 못해 신용불량자가 되고 말았다. 이제는 친정에서도 쫓겨나게 생겼다 하였다. 여자는 아들과 사귈 때부터 카드빚에 내몰린 상태였다. 간호사 월급으로는 쇼핑중독으로 쌓인 빚더미에서 벗어날 수 없게 된 여자는 아들이 군대에 가자 알짜배기 중견기업 대표의 외동아들이라는 남자를 꼬여 빚을 갚을 요량으로 결혼하였다. 구원의 손길이라 믿었던 남자는, 한순간에 여자를 하수로 만들고도 남을 만한 빚쟁이였다. 억대의 수입 스포츠카에 단기 월세 고급아파트 무수한 명품은 모두 빚으로 장만한 것이었다. 서로를 구세주라 믿었던 두 사람은 서로의 실체를 파악하는데 채 한 달도 걸리지 않았다. 배 속의 아이가 남자의 핏줄이라 믿은 여자는 아이를 지울 시기를 놓치고 말았다. 남자가 양육비를 보내주는 조건으로 합의 이혼하기에 이르렀다. 아이를 낳고 얼마 지나지 않아 남자의 아이가 아니라는 것을 확신할 수 있었다. 다행인 것은 남자가 아이를 보러오지 않는다는 것뿐이었다. 그나마 띄엄띄엄 보내오는 양육비라도 받을 수 있었다. 대문 안 은행나무 잎들이 손을 쥐락펴락하고 있었다.

아들이 군대에 가기 얼마 전이었다. 술에 잔뜩 취해 대문간을 들어선 여자의 큰오빠라는 사람이 은행나무 아래 쭈그려 앉아 토악질을 하고 있었다. 질퍽하게 한 무더기 게워낸 남자가 소매로 입가를 문질러 훑고는 아들의 옥탑방에 있는 여자를 부르고 있었다.

"야, 킴미니. 얼른 안 내려오냐."

그는 여자 집에서 아들을 반대하는 유일한 사람이었다. 남자는 여동생의 어깨를 움켜쥐고는 소리를 질렀다.

"야, 킴미니. 내가 뭐랬냐. 쟤는 안 된댔잖아."

여자는 끌려가면서 남자의 입을 막으려고 매달렸다. 하지만 남자는 계속 여자의 손을 후려치면서 말을 이었다.

"이제 순진한 남자 그만 후리고 돈 많은 남자를 찾아보란 말이다. 내가 귀에 딱지가 앉게 말했지. 여자는 남자를 잘 만나야… 여자가 남자 한번 잘못 만나면… 인생 쭉 꿀 바르게 된단 말이다."

음식물 쓰레기를 놔두는 은행나무 밑에 벌써 파리가 들끓기 시작한 것인가. 늦둥이 아들이 전정(剪定)해둔 앵두나무에 꽃이 지고 잎이 파랬다. 마누라는 땀 찬 손에서 아이 손에 쥐어주지 못한 꼬깃꼬깃해진 오만 원권 지폐를 방바닥에 떨어뜨렸다. 그러고는 방문을 열어두고 거실로 나갔다. 주먹 하나를 허리에 붙이고는 작은방으로 걸어갔다. 성냥을 그어 초와 향에 불을 붙이고는 유튜브 불경을 틀었다. 눈을 감고 뭐라고 소원을 비는 마누라의 손이 쉴 새 없이 비벼졌다. 예전에 처가에서 보았던 장모님의 모습이 재현되었다. 이제 막 다섯 살이 된 여자아이 이름이 들려오고 목탁 소리와 불경 소리가 향 연기를 따라 이리저리 흩어졌다. 냉장고를 열어 막걸리를 대접에 따라 시원하게 들이켠 그는 현관 밖으로 나와 옥탑으로 이어지는 계단을 올랐다. 오랜만에 시작된 마누라의 기도를 방해할 수는 없었다.

늦둥이 아들이 사용하던 옥탑방은 비어 있었다. 난간에 팔꿈치를 올리고 은행나무를 바라보았다. 푸른 새들이 날아와 지저귀고 있었다. 뭐라는지. 도통 알아들을 수 없는 말을 지껄이고 있었다. 은행잎을 바라본 그는 오랜만에 헛기침하고 계단을 내려왔다.

젊은 시절은 살기가 팍팍했었다. 위로 내리 딸만 넷을 낳은 마누라가 뒤늦게 쌍둥이를 출산한 날이 떠올랐다. 큰놈은 아들이고 둘째 놈은 딸이었다. 배냇저고리에 쌓인 핏덩이딸아이를 남의 집에 보내는 수밖에 달리 방법이 없었다. 얼굴이라도 한번 볼 걸 그랬다. 한번 안아보기라도 할 걸 그랬다. 그는 단골 식당에 가서 실컷 퍼마신 술기운이 퍼져 눈앞이 어질어질하였다. 다리가 풀려 골목의 벽을 따라 짚고 무언가에 매달려 걸었다. 둘이 결단을 내린 그날 밤으로 다시 돌아갈 수는 없었다. 딸을 남에게 보내기로 합의한 마누라한테도 결국 꺼내지 못한 말이 있었다. 그는 커브길 볼록거울 앞에 멈춰 서서 마른 세면을 하고 볼록거울에 대고 나지막이 중얼거리고 있었다.

"아가."

대문을 나온 마누라가 거진 20년을 산 시츄를 안고 그가 하는 모양새를 물끄러미 지켜보았다.

"거긴 어디고. 여긴 또 어디냐."

그의 흐느낌이 잦아들자 목소리가 똑발라졌다.

불난 몸

●

　수락산 자락 어디쯤 도토리묵을 잘하는 식당이 있다 하였다. 아파트 베란다 창으로 보이는 그곳에는 강참나무 숲이 있고 등산객이 오르내리는 오솔길이 있어 가끔 동동주 생각이 나면 혼자 가게 된다 하였다. 술을 달고 사는 그녀에게서 아침나절에 전화가 걸려오고 한참을 주정을 받아주다 입안이 바싹 타들어 가는 숙취에 물을 마시게 되었다. 난 맥주와 동동주밖에 안 마셔. 넌 지금 무슨 술 마시냐. 그녀는 내가 술을 마시는 줄 알았다. 항상 취해 있는 줄로 알았다. 그런데 넌 맨날 술을 달고 사는 데 글은 언제 쓰냐. 글은 누가 써주는 거예요. 누가 불러주는 거 받아 쓰는 거예요. 그녀의 웃음소리에 전화기를 귀에서 멀찌감치 떼고 말했다. 그런 사람 나한테는 왜 소개하지 않냐. 언제 소개해 줄 거냐. 내가 엉덩이가 가벼우니 엉덩이가 무거운 사람으로 소개해 줘라. 녹음했다 형님께 들려줘도 되겠죠. 그러든지 말든지. 하여튼 엉덩이 무거운 사람으로 소개해 줘라. 오늘은 어때? 토요일이잖아. 아닌가? 맞아요, 토요일. 택시 타고 지금 출발해. 택시비는 내줄게. 누님, 제발 살려주세요. 어제 많이 마셔서 힘들어요. 야, 남자 새끼가 엄살이 심하다. 엄살 그만 떨고 어서 출동해. 주소 찍어줄 테니 바로! 알았냐. 내가 먼저 가서 주문하고 시동 걸어놓을게.

소설 쓰는 누님의 전화는, 그것으로 끊겼다. 차버린 홑이불을 끌어다 덮고 눈을 감았다.

진동으로 설정해놓은 핸드폰 울림이 이어졌다. 진동은 끊기기 무섭게 다시 시작되었다. 하는 수 없이 전화를 받았다. 야, 너 어디야. 왜 안 오는 거야. 길 못 찾는 거야. 얼른 기사 바꿔봐. 누님. 거의 다 와 가요. 차가 막혀 그래요. 나는 전화를 끊었다.

더 미적대다가는 대형참사가 일어날 게 뻔했다. 누님은 도토리묵을 포장해 집으로 쳐들어올 것이고, 나는 당분간 동네에서 얼굴을 들고 다니지 못하는 신세로 전락할 게 자명했다. 부리나케 세면을 하고 모자를 눌러쓰고 택시를 잡으러 큰길 가로 뛰어나가는 수밖에 없었다.

택시가 안 잡혀 콜과 몇 군데 대리운전을 부르려고 전화를 걸었다. 지금 운행할 기사가 없다는 답변만 들었다. 운전할 상태는 아니고 지나가는 차를 잡고 사정할 수도 없고 그렇다고 뛰어갈 거리도 아니었다. 난감해하고 있는데 골목에서 택시가 나왔다.

누님과 동동주에 도토리묵을 먹었다. 비가 새는 한옥 수리를 부탁한 목수 형이 흘린 말이 떠올랐다. 상태를 볼 겸 내 마누라와 같이 갔는데 네 마누라랑 둘이서 끝까지 남편 험담을 하더라. 누님은 남편 험담을 하는 대신 본인의 소설 얘기를 끊임없이 쏟아냈다. 어때? 죽여주지 않아? 제때 장단을 맞춰주지 않으면 술잔을 벌컥벌컥 비울 것이었다. 혼자 비운 동동주 두 동이는 재떨이로 바뀌어있었다. 몇 모금 빨다 꺼버리는 장초가 연기를 피우고 있었다. 나는 화제를 바꾸려고 형님 얘기를 꺼냈다. 토요일인데 형님은 안 올라오셨어요? 야, 똥독 터지는 소리 작작 하고 술이나 부어. 그딴소리 집어치우고, 너 잘 부르는 「산장의 여인」이나 뽑아 봐. 각방을 쓰는 부부도 있지만, 각자의 집에서 사는 부부도 있었다. 늦깎이로 대학에 들어가 공부하는 사람도 있었다. 제법 일찍 그런 걸 다 경험해본 사람도 있었다. 그녀는 벌떡 일어나 방문을 활짝 열어놓고 보일러 전원 버튼을 꺼버렸다. 그러고는 젓가락으로 테이블 테두리를 두드리며 「산장의 여인」을 부를 것을 재촉했다. 어느 정도 취기가 올라와야 부를 수 있는 곡이었다. 아직은 숙취와 취기가 혼전 상태였다. 동동주 몇 잔을 더 마셔야 부를 수 있는 곡이었다. 팽팽한 줄을 놓고 자포자기 상태가 돼야 접속할 수 있는 세계가 있었다. 이러다 팔 떨어지겠다. 젓가락을 팽개친 그녀가 술잔을 들었다. 그만 마셔야 할 것 같았다. 조금 더 마시면 오늘 먹은 것 전부를 토해내 뭘 얼마만큼 먹었나 검사받아야 할 것이다. 나중에는 부축해 돌아갈 일만 남을 것이었다. 그래도 그만 마시라는 말은 할 수 없었다. 우리는 간을 녹여 길을 가는 미련한 족속이었다. 그녀는 술잔을 들고 마셔 마셔 마셔를 연발했다.

비틀비틀 화장실에 가는 그녀를 따랐다. 그녀의 등은 텅텅 울렸다. 내장재를 대충 넣고 마감한 빌라의 내벽 석고보드를 두드릴 때 나는 소리였다. 더는 나올 것이 없어 휴지로 입을 쓱 문질러 닦은 그녀가 눈물이 홍건해진 얼굴로 입을 열었다. 나 지금 운 거 아니야. 술을 너무 마셔서 눈으로 오바이트한 거야. 마지막 한 모금 술이 경계를 허물었다. 그녀는 한참을 주저앉았다 일어나 다시 비틀비틀 걸었다. 아줌마, 여기 얼마예요. 아줌마, 어딨어! 사장님인가. 핸드폰을 챙겨주자 그녀가 부은 얼굴을 들고 말했다. 이거 내 거 맞아? 내 거 최신 폰인데 이건 아니잖아. 내 거랑 슬쩍 바꿔치기한 거 아냐. 사람을 뭘로 보고 말이야. 그녀는 어깨에 두른 가방을 끌러 뒤지기 시작했다. 내 핸드폰 어디 간 거야. 정말 미치고 팔짝 뛰겠네. 나 핸드폰 두 개잖아. 어제 두 개 다 잃어버려서 새로 한 건데. 내가 미쳐! 마당에 쭈그려 앉은 그녀는 갑자기 벌떡 일어나 수돗가로 걸어갔다. 그러고는 가방을 내려놓고 주저앉아 가방 안에 토하기 시작했다. 손바닥으로 등을 두드리다 알았다. 그녀는 흐느끼고 있다는 것을. 그리고 자신이 감당하지 못할 지점에까지 이르렀다는 것을. 입을 훔쳐낸 그녀가 나를 돌아보기 위해 고개를 돌렸다. 내가 먹은 것은 내가 가져가야지. 나 잘했지? 바닥을 짚고 일어나려고 했지만, 이미 다리가 풀린 상태였다. 저기 수도꼭지 좀 틀어봐. 그녀는 가방을 엎어 토사물을 털어냈다.

내가 술을 좋아하잖아. 남편과 회사 동료였는데… 어느 날 회식 끝나고 집이 같은 방향이라 둘이 택시를 탔지 뭐냐. 그런데 내가 오바이트가 급해서 그만, 남편 가방에 창고 대방출을 했다는 거잖아. 그래서 내가 그 남자에게 코를 꿰인 거잖아. 내 눈을 내가 찔러놓고 이제 와 누굴 원망하겠냐.

  수도꼭지는 얼어있었고 고무대야에 담긴 물에는 얼음이 끼어 가방 안을 씻을 수 없었다. 그녀는 얼은 대야 위에 발을 들어 깨는 시늉을 한 다음 엎드려 박치기하는 시늉을 해 보였다. 그녀를 부축해 오솔길을 걸었다. 그녀는 자꾸 수돗가를 돌아보았다. 그러더니 갑자기 가방을 내팽개치고는, 괴력을 발휘해 수돗가로 내달리기 시작했다. 수돗가에 도착하기 무섭게 제법 무거워 보이는 돌을 들어 올려 고무대야의 얼음을 단박에 깨버렸다. 그러고는 고무대야를 머리 위로 번쩍 들어 올려 시원하게 쏟아부었다. 입술이 파래진 수돗가 얼음 동상과 급랭 된 오솔길 얼음 동상이 마주 보았다.

혼술

●

　작년에 참깨 서 말 닷 되 들깨 두 가마니 고추 백칠십 근을 거둬들인 노인이 질척한 길 네 발 바이크를 타고 움막에 도착했다. 마른 장작 욱여넣은 아궁이 솔가리에 라이터 불붙였다. 굴이 들지 않는 방고래 틈에서 연기가 분화했다. 장화를 오려 만든 발목 신발을 벗고 잎이 진 모과나무 열매를 지운 그늘이 내린 마룻바닥에 올랐다. 담뱃불을 이어 붙인 노인은 쑥과 달맞이가 들어와 산묵정밭과 부들이 장악한 수렁배미 논을 탁배기 잔을 들고 물끄러미 바라보았다. 주는 대로 받아먹는 저주를 받고 태어난 검은 털이 늘어진 개 주둥이를 만진 손으로 랩에 싸 온 백설기를 뜯어 먹었다.
　작년에 거둔 깨와 고추를 내다 팔기 위해 아내와 자식들이 공모해 자신을 정신병원에 처넣은 것이라 믿는 노인은 마룻바닥에 떨어진 백설기 부스럼을 죄다 찍어 먹었다. 내 속으로 들어간 것들은 아무도 못 꺼내 가는 법이었다. 방송용 앰프 전원을 올린 노인은 정신병원 퇴원 기념 자신의 애창곡을 집어넣었다 있는 힘껏 집어던진 탁배기 통들이 개골창 낙엽에 안착해 거품 막을 부풀려 두른 입으로 얼마 남지 않은 숨을 쉬었다. 노인의 양반다리 안 방석에 들어가 잠이 든 개 옆구리 털을 들었다 내렸다 하였다. 부들 씨앗들 꼬랑지 입에다 햇살을 물고 늘여 양지바른 골짜기로 날아들었다. 노인은 따뜻한 기억을 불러오는 중이었다. 하루 두 번째 방문하는 귀가 어두운 산불감시조 더블캡 트럭 안내방송을 듣고 있었다. 거대한 담뱃불 가시를 벼리고 벼리다 또 눈물이 핑 도는 마른기침을 하였다. 구들방에서는 핸드폰이 터지지 않았다. 핸드폰 진동 저성능 샌딩기가 돌고 돌았다. 먼지 낀 틈바구니 돋아난 나이테를 갈고 갈았다 마루는 응달의 눈과 얼음을 마주한 동향이었다. 눈은 충혈되어 앞을 보지 못하였다. 그는 아내와 자식들이 칠해놓은 육송 마룻바닥 들깨 냄새를 흠향(歆饗)하는 모양새였다. 뒤꼍의 등나무와 칡넝쿨 잣나무 두 그루를 잡아 움막의 별채를 완공했다. 참새 떼 물까치 떼 안팎으로 날아들어 자기 말을 지껄였다. 자신만 모르는 소문이 무성하였다.

해바라기

　

시멘트 담장 아래 심은 해바라기가 웃자라 작은 꽃판을 달았다. 4~5m로 자란 해바라기는 담장 안으로 기울었다. 손톱을 들고 산에 올라가 가늘고 긴 어린 밤나무를 베어와 받침목을 해주었다. 유박 비료를 너무 많이 묻은 탓이지만 키가 장대같이 크는 해바라기는 9월에나 꽃을 피우는 종자였다. 김포에서 컨테이너를 놓고 텃밭을 일구는 친구에게 얻어온 씨앗을 땅심이 좋은 가평의 전원주택 양지바른 정원 둘레에 파종했는데 어마어마하게 키가 크고 꽃판의 지름도 30cm에 이르렀다. 우락부락한 퉁텅이 굵은 대를 보면 이게 해바라기야 나무야 하는 사람들 표정을 알 수 있었다. 심어놓고 방치하다시피 한 해바라기의 발육상태에 때때로 나도 놀라고는 하였다.

집 바로 아래 대형 펜션이 들어서고 더는 참고 살 수 없다 체념하고 말았다. 새벽부터 세 개의 풀장에서 들려오는 괴성과 웃고 떠드는 소리 음주 가무를 하는 소리 깨부수고 싸우는 소리 놀이기구를 타는 소리 족구장의 함성 울타리와 대문이 없는 집으로 들어오는 무단 주거침입자들까지 당해낼 재간이 없었다. 밤낮없이 고문당하면서 1년을 버티지 못하고 집을 내놓았다. 누가 이런 환경의 집을 사려고 할까 싶었지만, 다행이 펜션 주인이 매입해주었다. 처음 내 명의로 된 집을 마련하고 폐석이 깔린 정원에 잔디를 심고 주차장 겸 작업실로 사용할 2층짜리 목조 건물을 짓고 텃밭과 화단을 만들고 나무를 심고 본채 벽에 루바와 파벽돌을 붙이고 화목 난로를 설치하고 2층을 카페 분위기로 바꾸는 데 꼬박 3년이 걸렸다. 이제 좀 살만하게 꾸며놓았다 싶었는데 내쫓기는 신세가 되고 말았다. 먹고 사는데 몰방한 펜션 업자와 감성뿐인 내가 상대될 수 없었다. 모든 걸 걸고 싸운다 한들 내가 패할 것이 자명했다. 하는 수 없었다. 이곳에서 지낸 3년간의 추억을 지옥에 보낼 수는 없었다. 대학에 들어간 딸아이와 같이 살아온 집이어서 더욱 그러했다. 아침잠이 많은 아이를 깨워 밥을 먹여 청평역까지 데려다준 시간, 가까스로 기차를 놓친 날이면 서울 학교까지 데려다준 시간, 늦은 밤 서울에서 돌아오면서 잠든 아이의 얼굴을 룸미러로 바라본 시간, 집에 도착해 아이를 깨워 바라본 하늘의 별은 똘망똘망 어디로 도망간 게 아니었다. 폭설이 내린 아침 아이와 정원에 만든 눈사람이 떠오르고 그 겨울 키우던 개 한 마리가 죽어 살구나무 아래 묻은 일이 떠오르고 땅이 깡깡 얼어 구덩이를 깊이 팔 수 없어 급사한 개 '안나' 흰 옆구리가 드러나 있었지.

그 잔설은 평생 뇌리에서 사라지지 않겠지. 살구꽃이 피면 또 다른 '안나'가 가뜬해진 몸으로 잔디밭에 나와 으르렁거리며 남매인 '푸르나'와 장난을 치고, 드러누워 해바라기하고 있겠지. 낮잠이란 태양의 친정집에 갔다가 울타리만 보고 후딱 돌아와야 하는 거였다. 인간계의 불문율이 된 지 오래였다. 아이가 차버린 해바라기 그림 홑이불을 덮어주려고 까치발을 들고 2층으로 올라가는 목재 계단에 발을 디뎠다. 어디에도 태양은 없었고 해바라기 그림만 널려있었다. 내일은 휴일이고 점심 무렵엔 물방울이 맺힌 오렌지를 까 착즙기를 돌려야겠다. 오렌지 주스를 들고 서둘러 낮잠에서 방금 깬 딸아이에게 가봐야겠다. 아이는 간섭하는 엄마와 싸우고 나와 연락을 끊고 살았다. 네가 먼저 연락해봐. 잊을 만하면 웃으며 말했는데 생일이 되어 엄마를 만나고 돌아왔다. 아이가 딸기 생크림 케이크를 들고 와 넌지시 말하였다. 3년 만에 엄마 만나 이상할 줄 알았는데 안 그렇더라. 케이크에 촛불을 켜고 생일 축하곡을 불렀다. 그러고는 아이의 코에 생크림을 발라주었다.

붉은 달이 뜨기까지

●

 딸아이를 학교 근처 아파트에 남겨두고 안동의 끝자락 산촌으로 이사를 감행했다. 골짜기에 남향으로 좋은 자리를 차지하고 앉은 폐가였다. 좋은 물건이 나왔다는 그곳의 부동산 업자를 부인으로 둔 지인의 전화를 받고 바로 차를 돌려 물건을 보러 갔다. 그는 여유가 되면 내가 사고 싶을 만큼 좋은 물건이 오랜만에 나왔다고 했다. 방치된 지 7년이 지난 폐가가 있고 마지막에 마 농사를 지었다는 폐하우스 7동이 폐가 앞뒤에 심란하게 늘어서 있었다. 폐가 안에도 밖에도 천 평 규모의 밭에도 쓰레기 산이었다. 다행인 것은 폐가의 지붕과 골격이 멀쩡하다는 것이었다. 폐가를 둘러싼 동산이 아기자기하고 동산 등성이의 산책로에서 보면 좌우로 태백산맥과 소백산맥의 줄기가 그럴싸했다. 호계서원 위 육각정에서 바라본 안동호도 그러했다. 농로를 따라 이어지는 수렁배미 논에 미나리와 부들이 자라고 있었다. 수량이 풍부해 보이지는 않았지만, 폐가 뒤편 밭 가장자리로 시냇물이 흘렀다. 쓰레기를 들어내고 폐가를 수리하면 죽치고 앉아 책을 보고 글을 끄적거리는 데 부족하지 않아 보였다. 봄바람에 뜯겨 날리는 부들 씨앗이 골짜기로 몰려가고 흰민들레 고야꽃이 피고 나리 둥굴레 마 싹이 올라왔다.

내 마음은
거기까지밖에 보지 못합니다.
내 마음은
거기까지밖에 걷지 못합니다.
내 마음은
거기서부터 진공 상태입니다.

휘어진 길을 따라
내 마음도 휘어져
버젓이 튕겨집니다.

나는 눈이 멀었습니다.

그대가 떠나가고
커브에 오동나무가 서 있습니다.

115

지금은 베어진 오동나무
보도블록에 덮인 오동나무
꽃을 피우고 있습니다.

보랏빛 종(鐘)들
수백 개 스피커에서
알지 못할 향기가 흡니다.

질식할 것 같아
눈을 뜨고 맙니다.

—시, 「휘어진 길」 전문

    부동산 업자를 통해 쓰레기를 치워줄 것과 미등기 상태인 집을 등기 가능한 상태로 만들어줄 것을 주문했다. 경매로 나온 물건을 산 주인은 딸의 결혼 비용을 대기 위해 급매로 내놓았다 하였다. 바로 계약하고 특약 사항을 이행하는 즉시 중도금을 치렀다. 원체 싸게 나온 물건이었다. 그러나 싼 게 비지떡이었다. 집 입구에 사과 저장창고가 있었고 고추 건조기를 들여놓은 가건물과 고릿적 외양간과 돼지우리가 있었다. 전전주인 대부터 시작된 동네 사람들과의 이해관계가 엉켜있는 지상권 건물이었다. 조급해진 주인은 집 앞의 창고를 허무는 대신 한 귀퉁이의 밭을 분할해 삼십 평 창고를 짓고 대지(垈地)로 지목(地目)을 변경해 넘겨주는 수밖에 없었다. 두 계절이 지나고 좀체 오지 않을 것 같은 잔금 치르는 날이 되었다. 창고를 짓는데 잡부로 일했다는 80대 초반의 노인이 부동산 사무실에 나타났다. 벽돌 하나 옮길 힘이 없어 보이는 노인이었다. 세금 내고 나면 퉁치는 거라는 주인 말에도 노인은 아랑곳하지 않았다. 출입문을 막고 선 그는 밀린 일당 주기 전에는 나갈 수 없다고 버텼다. 주인은 부동산을 하는 친구 말만 믿고 산 물건 때문에 빚만 지게 됐다 연방 하소연을 늘어놓았다.

굴삭기를 불러 집 주변과 밭을 뒤집어엎었다. 파묻힌 비닐과 플라스틱 물관과 콘크리트, 시멘트 기와 조각과 생활 쓰레기 하우스 비닐 고정 돼지 꼬리 철근이 끝없이 발굴되었다. 덤프트럭을 불러 폐기물 처리하는데 진이 빠져 더는 엄두를 내지 못하게 됐을 때, 목수를 불러 집수리를 시작했다. 목수 셋이서 달라붙어 여섯 달 만에 수리를 끝낸 집에 혼자 남았다.

안동에서 서울까지 출퇴근이 가능한 거리가 아니었다. 주말에 내려와 집 주변을 정리하고 월요일 아침에 부리나케 올라가야 했다. 쓰레기를 들어내 내다 버리고 잔디를 깔고 나무를 심었다. 컨테이너에 처박아둔 살림살이를 집으로 들이고 거실의 두 면에 짠 책꽂이에 책을 꽂았다. 다시는 이사할 일이 없을 거라 믿었는데 그리되지 않았다.

장편 동화를 써서 출판사에 넘겼는데 편집자의 요구 사항 끝이 없었다. 계속 꼬투리를 잡는 것이 하릴없이 까탈스러운 건축주 같았다. 자존심이 상한 만큼 자존감이 떨어졌다. 절대로 남의 말을 듣지 않는 목수. 건축주의 요구 사항이 있을 때마다 '안 돼요.' 딱 잘라 말하고, 자기 똥집대로 집을 짓는 목수. 책꽂이를 짜는데 대패질을 얼마나 꼼꼼히 하는지 삼 주일을 매달리는 목수. 멀쩡하게 시공했다 싶은데 자기 맘에 안 들면 뜯어내고 다시 시공하라 새끼 목수를 윽박지르는 목수. 더는 말을 하고 싶지 않았다. 장편 동화 원고를 다른 출판사에 넘기는 수밖에 없었다. 삽화를 맡겨 본문 디자인을 끝내고 교정지를 받았다. 이게 아니라는 생각에 편집자를 만나 원고를 뒤집어엎겠다 전했을 때, 파랗게 질린 그의 표정은 토마토가 익었을 때 서양 의사의 얼굴 같았다.

고쳐도 안 되는 게 있었다. 연습을 게을리한 선수가 경기장에 들어가 잘할 확률은 0이었다. 아무리 머리를 굴려도 안 되는 것, 결코 머리로 되지 않는 것. 아무리 위대한 투수라도 등판할 때마다 퍼펙트 경기를 펼칠 수는 없었다.

원고를 보지 않고 글을 써 내려갔다. 이사한 집에 익숙해지기까지 얼마간의 시간이 필요했다. 주위 풍경도 마찬가지였다. 하나씩 자세히 보게 되고 그런 다음 느낄 수 있었다. 오로지 느낌을 내 것으로 만들었을 때, 누군가에게 전달하여 소통할 수 있는 상태가 되고 비로소 공감할 수 있었다.

혼자 술 취한 그가 부인 차에 실려 왔었다. 슬그머니 부인은 내빼고 그는 머리를 내두르며 쉴 새 없이 지껄였다. 조용필이가 어데 가서 내가 가수 조용필이여 말하겠냐. 씨방새들아. 내가 지금 틀린 말 했냐. 아니지. 그런 의미에서 내가 노래 한 곡 뽑아도 되겠냐. 킬리만자로의 표범 어때. 맘에 안 들어. 그는 술잔을 들어 이마에 부닥쳐 마시고는 노래를 불렀다. 아궁이 앞 석쇠에서 돼지 목살이 탔다. 노래를 다 부른 그는 얼굴을 들이밀고 내게 물었다. 개 안았어. 내 반응이 없자 어깨를 잡고 흔들며 다시 물었다. 개 안았냐구. 귀찮아 고개를 끄덕여주자 그는 볼때기에 입술을 대고 순식간에 뭔가를 쪽 빨아갔다. 그럼 내 노래 개 안았네. 한 곡 더 불러도 되겠네.

한 번에 쓴 원고를 출판사에 보냈다. 그쪽에서도 은근히 만족하는 눈치였다.

간신히 그를 떠나보낸 점심나절 태풍이 시작됐다. 문단속하고 거실에 들어가 전축을 틀었다. 선글라스 낀 조용필의 킬리만자로의 표범이 흘러나왔다. 거칠어진 빗줄기가 거실 창에 연속적으로 싸대기를 올려붙였다. 마당 구석에 버릴 짐들을 쌓아뒀는데 고장난 선풍기가 흐릿하게 서 있었다. 검은 먼지가 들러붙은 날개가 헛돌았다. 어쨌든 너도 나를 만나 여기저기 끌려다니느라 고생이 심했다.

밑동 가리로부터 2~3m 높이에서 몸통 잘린 오동나무 새순을 받아 꽃을 피워냈다. 오동나무 근처 술집에서 너를 만나 하모니카 연주를 들었다. 내 손은 빈손 그때 하모니카 연주에 맞춰 시 한 편 옮겨 적었다.

당신이 태어나기 한참 전 환상이었지
해당화 꽃밭에 버려지는 술병을 보았지
거꾸로 박힌 술병 안에서
희디흰 풀이 자라 술병을 옮겨 다녔지

언제부터인가
들숨의 언어를 사용하게 되었지
하룻밤 둥지를 찾아 날개를 펴는 일이
잦았지 그때는 손아귀에 우물을 쥐고 다녔지
이 세상 못지않은 내면을 갖고 있었지

붉은 구름들, 해독 불가능한 영역으로
분주히 이동하고 언덕배기 기업형 돈사
쪽방 앉은뱅이책상에 붙어 앉았지
붉은 구름의 말을 옮길 수 있었지

그는 늘 고독한 사람이었지
이 세상에 남은 쾌감
그의 몫으로 떨어진 적이 없었지

내륙등대

●

저물녘, 오솔길을 걸어 간척지 담수호까지 걸었다. 깔때기*들이 더는 조밀해지지 않는 원을 짜고 있었다. 며칠밖에 주어지지 않은 시간에 최선을 다해 완성 불가능한 작업을 하고 있었다. 그러나 순간마다 완성되는 원이 있다는 걸 당신은 보여주려 애쓰고 있었다. 애초에 목적지는 없었고 우리가 라탄 바구니에 먹을거리를 담아갈 초원은 존재하지 않았다. 어쩌면 당신과 나는 어둠 속에서 서로가 서로를 잘 알아볼 수 있을 때까지, 잘 보일 때까지 같이 산 것인지도 모른다. 한 줌 되게 훑은 참소리쟁이의 씨, 두 손에 담아 흔들었다. 뭉쳐지지 않는 깔때기들의 원, 오솔길을 벗어나 공으로 이동하고 있었다. 그때쯤, 나는 입을 오므려 닫았다. 당신의 손을 슬쩍 잡아당겼다.

---
* 깔따구의 충청 방언. 날벌레의 일종.

3부

한때 죽은 세포까지 살려내는 시를 쓰겠다고 떠벌린 나였다.
언젠가는 약속을 지키기 위해 시를 썼다.
배꽃이 피기 시작할 때, 자귀나무꽃이 피었을 때.

산목련(山木蓮)이 아주 지기 전에

●

　붉은 장화를 신은 그녀를 앞세우고 국립공원의 산길을 올랐다. 화전민이 살다 간 움막들은 폭삭 주저앉았고 고릿적 살림살이가 흩어져 낙엽을 덮고 있었다. 지게를 지고 와 물을 빼간 고로쇠나무 밑동에 수많은 땜빵 자국이 널려 있었다. 반병 남은 소주와 유리 소주잔 둘과 칠레산 포도 한 송이를 투명 비닐에 담아 들고 거리를 두고 그녀 뒤를 따랐다.
　나란히 걸을 수 없는 산길이었다. 들어갈수록 산길은 좁아지고 있었다. 덩굴식물이 감긴 활엽수 밑으로 수많은 돌을 감싸고 흐르는 냇물 소리 서늘해졌다. 한여름에 발을 담가도 얼음물인 냇물에 깔딱메기가 살았다. 화전민이 떠나고 큰물이 계곡을 휩쓸기 전에는 다묵장어도 살고 있었다. 작은 골짜기에서 발원한 물줄기가 계곡에서 합류해 흘러내렸다. 샛길도 계곡에서 만나 낙엽 덮인 산길이 되어 흘러갔다.

화전민이 떠나고서 심은 잣나무와 낙엽송 한 아름으로 잡히지 않았다. 앞서가던 그녀가 힐끔힐끔 뒤를 돌아보았다. 무릎을 짚고 숨을 몰아쉬기도 하였다. 50년쯤 사람 손을 타지 않은 숲에서 무서움이 커지고 힘에 부치는 것이었다. 냇물의 합류 지점에 자리를 잡고 대롱대롱 가지에 매달린 산목련을 구경할 참이었다. 숨이 차고 빈혈의 현기증이 짧은 비단 색실 수없이 꼬불거리는 영상을 눈 앞에 켜놓았다. 드러난 암반을 타고 흐르는 냇물이 합류하는 곳에 만발한 산목련 꽃들이 매달려있었다. 허리를 구부리고 들어가 이끼 낀 펑퍼짐한 돌을 들어다 냇가에 놓았다. 그러고는 청바지 뒷주머니에서 손수건을 꺼내 돌에 깔았다. 냇가에 널린 꺾인 나뭇가지를 주워 그녀의 키 높이로 산목련 가지를 들어 올렸다. 내가 하는 짓을 지켜보던 그녀가 드디어 무릎에서 두 손을 떼고는 덧니를 보여주었다. 이리와 앉아요. 두 손을 펴고는 왼쪽에서 오른쪽으로 허공의 물을 푸는 내 동작에 그녀는 산목련 가지를 잡고 고개를 끄덕였다. 암반 아래 고운 모래가 깔린 소(沼)에 얼비친 산목련 꽃들이 이 세상에 없는 눈웃음을 치고 있었다. 이 세상에는 다시 없을 바람이 지나가고, 그녀는 고개를 젖혀 산목련 등(燈)의 심지 같은 꽃 수술과 불면의 밤을 밝힌 형광등 빛을 두툼하게 압축해놓은 꽃잎을 바라보았다. 내가 군청색 장화를 벗고 소에 들어가 산목련 가지를 당겨 라이터 불을 붙이는 시늉을 할 때, 그녀는 다시 덧니를 보였다. 내년에 필 산목련 자잘한 솜털이 달린 꽃봉오리를 살짝 내보였다.

우리는 어느새 40대 중반을 살고 있었다. 칠레산 포도를 서늘한 냇물에 씻어 물을 털어냈다. 그러고는 물속에 담가 돌을 눌러둔 소주병을 꺼내 들었다. 우리는 마지막 남은 인류처럼 나란히 앉아 냇물에 발을 담그고, 냇물의 말을 이어 들었다. 가장 맛있다는 막잔은 바위의 이끼에 올려두고 있었다. 소주잔 안에도 자잘한 산목련이 피어 잔을 들어 부딪쳐 마실 수 없었다.

내년에도 또 다른 마지막 인류가 이곳에 찾아와 포도알을 떼어 들고 서로의 입에 넣어주려 할지도 몰랐다. 하지만 포도알을 손으로 받아든 인류는 냇물에서 발을 빼내 무릎을 접어 싸안고 마음 놓고 울지도 못할 것이다. 그들은 산목련이 아주 지기 전에 물소리를 남기고 떠난 뒤일 것이다.

당신과 가보고 싶은 곳

●

 당신과 가고 싶은 곳이 많았다. 겨울밤 플래시 불빛 원안에는 나이테가 없고 아름드리 낙엽송들 고바우 길을 채 오르면 마른 풀숲 평지가 나왔다. 그 옛날 쇳소리 숨을 내쉬는 화전민이 되어 짐을 내려놓고 하늘에 대고 입김을 불었다. 내가 걷는 이 길을 당신은 모를 것이고 나는 오늘 밤 당신의 잠을 알 수 없었다. 오늘 밤 나는 그곳을, 당신은 이곳을 모르고 소멸할 것이다. 이제 거의 다 왔다. 이곳에서 정상까지는 지척이다. 협곡의 바람이 알갱이 진 눈밭의 표면을 깎아 당신이 잠든 그곳으로 퍼 나른다. 과거와 현재와 미래가 한통속인 나의 산장까지, 이제 거의 다 와 간다. 나는 오늘 밤, 나만의 세레나데를 틀어놓을 것이다. 당신의 슬픔을 내 눈물로는 희석할 수 없음을 절감할 것이다. 나는 당신이 기억 못하는, 당신이 감당 못 한 눈빛을 소장하고 있다. 아직 당신과 가고 싶은 곳이 남아있다.

지척에서 보았던 그 사람 얼굴을 잊고 살았다

고개를 들고 바라본 그 사람 눈동자

고운 입김으로 그 이름 부르기 위해

겨울 산 정상에서 호흡을 가다듬었다

새벽하늘은 망설임의 통로를 헤매다

발견한 그 사람의 확대된 눈동자였다

그 사람 이름 속으로 불러보면

소멸한 은하가 다시 태어나

뜨거운 피가 돌고 설렘이 시작되었다

지금은 눈물이 번지지 않는 혹한의 시간

글썽이며 흩어진 별들의 파편을

그 사람 눈동자로 돌려주기 적당한 시기

수평의 별들이 수직의 별들로 바뀐 시간을

거슬러 그 사람에게 돌아가기 적당한 시기

이 세상에서 살기 불가능한 별들을

그 사람을 닮은 새벽별들을

그 사람의 눈동자에 파종한 적이 있었다

—시, 「별들의 시간」 전문

내게 죄짓지 않기

●

밤 10시에 일을 마치면 자정 전후가 되어야 집에 도착한다. 주말을 제외하곤 창문에 불빛이 붙어있는 집이 드문 곳이다. 대부분 펜션이거나 민박을 치는 집이고 실 거주하는 주민도 원주민들에게 동화되어 일찍 자고 일찍 일어나기 때문이었다. 마을로 접어들면 군데군데 켜진 가로등이 스탠드를 켜고 칠흑과 동떨어져 있었다. 날벌레들이 실패 없이 치열하게 실을 감는 풍경을 물끄러미 바라보았다.

나는 어떻게 해서 여기까지 오게 되었는가.

가로등 불빛이 내 머릿속에도 켜지고 띄엄띄엄 날벌레들이 한 방향으로 돌기를 멈추지 않았다. 가로등 불빛에서 벗어난 날벌레는 추락하고 만다. 내가 쉬는 숨도 내가 하는 생각도 멈출 수 없다는 걸 잘 알고 있었다. 영원히 순간 안에서 존재할 수밖에 없는 운명을 타고났으니, 내가 잘할 수 있는 일에 최선을 다하는 게 나한테 죄짓지 않는 유일한 방법일 것이다.

뽕나무 아래로 차를 옮겨 파노라마 선루프를 열었다. 분홍에서 보라로 익어가는 오디를 바라보았다. 저 오디들이 떨어져 짓무르기 전에 끝내야 할 짧은 동화의 플롯을 짜고 있었다. 내가 쓰고 있는 글이 내가 선택한 삶의 징검다리라는 생각이 들었다. 나는 하염없이 징검다리를 건너야 한다. 어둠 속으로 발자국을 옮겨놓아야 한다. 이 골짜기 저 골짜기 자리를 옮겨 다니며 우는 소쩍새, 나는 최소한 소쩍새가 울음을 멈출 때까지 글을 쓰고 있어야 한다.

누구보다 내부 사정을 잘 아는 도둑이 되어 현관문을 열고 집으로 들어간다. 어서 오시지요 새 주인님, 2층으로 올라가는 목재계단이 가장 먼저 전주인의 최고실패작 니스칠을 빛내며 나를 맞이한다. 센서 등이 꺼지기 전에 서둘러 계단 등을 켜고 2층으로 올라간다. 어제 펴놓고 접지 않은 접이식 침대가 어서 오르시지요 주인님, 얼룩말 무늬로 유혹한다. 생각을 많이 하면 나에게 지고 만다. 나는 가차 없이 접이식 침대를 접어 구석으로 밀어붙이고 책상에 앉는다. 핸드폰을 끄고 노트북 전원을 누른다.

윗집 사는 형님은 짐승을 키우고 몸에 좋다는 식물이나 열매로 중탕을 내려 알음알음 찾아오는 손님에게 팔아 생계로 삼는다. 무엇이 그리 좋은지 싱글벙글 웃는 낯을 보는 것만으로 웃음이 전염됨을 느낄 수 있다. 새벽 4시면 집 안에 불이 켜지고 어둑한 마당에서 흥얼거리는 노랫소리가 들린다. 밥 달라고 울기 전에 집짐승들에게 먼저 밥과 물을 주고 마당을 쓰는 것으로 일과를 시작한다. 나도 그 시간이면 책상 거울을 당겨놓는다. 글을 쓰는 내가 웃고 있는지 보기 위함이다. 쓰는 사람이 즐겁지 않으면 읽는 사람도 그리될 것이기 때문이다.

새소리가 방충망을 통해 밀려온다. 새들은 날거나 나뭇가지를 누르고, 그게 아니면 지붕 같은 데 앉아 지저귄다. 이제 컴퓨터 그만하고 잠 좀 자라는 잔소리가 시작된 것이다. 원전 몇 기 가동 중단돼서 전기도 모자란 데 밤새 불 켜고 무슨 짓이냐 나무라는 소리 같다. 어두워지면 자고 날 밝기 전에 일어나는 게 순리라고, 새들이 입을 모아 떠드는 소리 같다. 가만히 생각하니 새들은 어두워지면 활동을 멈추고 날이 밝기 전에 활동을 시작한다. 병든 새만 따로 그리할 수 없다.

이 시간이면 새소리가 알람이 되는 삶이 가능할까 내게 묻게 된다. 새소리가 깨우지 않아도 눈이 떠지고 두 팔을 들어 기지개를 켜고 일어나는 삶의 소중함을 이곳에 와서 알게 되었다. 자연스러운 삶을 거스른 지 너무 오래되었다. 스스로 쫓기면서 쫓기는 줄 모르고 살아온 지 오래되었다. 벌써 일 중독이 되었는데 정상인 줄 알고 사는 나를 발견했다. 밤새 방충망에 붙어 파닥거리다 테라스 바닥에 뒤집힌 흰 나방들을 내려다본다. 내 삶도 내 글도 저리될까 두려울 때가 있다.

텃밭으로 내려가 하루 동안 쑥 자란 오이 하나를 따 한 입 베어 문다. 내 글을 읽는 독자에게 어떻게 이런 맛을 전할 수 있을까 고심하곤 한다. 순리대로 살지 못하는 것, 여유를 갖고 과정을 즐기지 못하는 것, 지금 내게 필요한 걸 하지 못하는 것, 충분히 해낼 수 있는데도 실행하지 않는 것, 내게 죄를 짓는 일일 것이다.

버들강아지

●

 오랜만에 집 주위를 서성이다 버들강아지를 보았다. 전 주인이 잘라버린 갯버들에서 새 가지가 올라와 있었다. 눈이 채 녹지 않은 밭둑에 쭈그려 앉아 버들강아지를 관찰했다. 볼에 대고 비비기라도 하면 잊힌 기억은 물론 무뎌진 감각까지 원상 복귀될 것 같았다. 이리저리 흔들리는 갯버들 가지를 바라보는데 누군가 흥얼거리는 노랫소리가 들려왔다. 공테이프에 좋아하는 노래를 녹음해서 질릴 때까지 반복해 듣던 시절이 떠올랐다. 버들강아지를 만지면 솜털 보송한 그녀의 얼굴이 사라질 것 같아 질척거리는 밭둑을 걸어 나오며 돌아보았다.

 전축이 있는 방으로 들어가 김광석의 노래 「그녀가 처음 울던 날」을 반복해서 들었다. 한 계절쯤 미리 살아볼 능력이 주어진다면 얼마나 좋을까. '그녀의 웃는 모습은 활짝 핀 목련꽃 같아~ 그녀만 바라보면 언제나 따뜻한 봄날이었지.' 그녀가 웃을 때마다 보이던 하얀 덧니가 벌어지기 한참 전 목련꽃 봉오리들로 불어나고 확대되어 흔들렸다.

　언젠가 길에서 파는 번데기를 사 먹은 적이 있었다. 온몸에 근질근질 퍼지는 가려움증이 시작되었다. 손은 둘이고 가려움은 온몸을 순간마다 골고루 긁어 줘도 직성이 풀리지 않았다. 두드러기는 식도까지 번져 서 긁어 주기를 강요하고 있었다. 그는 시내버스를 타고 집으로 돌아가고 있었다. 두드러기 가려움증은 잠을 자고 나면 흰 면티를 문질러 빤 듯이 사라지곤 했다. 그는 잠을 불러와야 살 수 있었다. 그는 살고 싶었다. 잠으로 오르는 지푸라기를 잡고 차창에 머리를 기댔다. 집으로 가는 시내버스는 하염없이 뺑뺑이를 돌았다. 몇 바퀴를 돌아도 차비를 더 받지는 않았다. '덜덜덜' 창문을 흔드는 시내버스 엔진의 진동 마력(魔力)에 이끌려 그는 완치된 시간까지 갈 수 있었다. 햇볕에 얼굴이 빨갛게 익을 때까지 그는 쳇바퀴를 돌고 돌아야 했다. 두드러기 자국은 시내버스 엔진 진동에 하나씩 떨어져 햇살 속으로 사라졌다. 그가 즐겨 듣는 곡은 김광석의 「그녀가 처음 울던 날」이었다. 그 곡을 듣고 있으면 그의 몸에 세 들어 사는 두드러기가 기력을 찾았다. 번데기뿐만이 아니었다. 복숭아나 환타, 과실주를 마셨을 때도 복병 두드러기가 앞을 가로막았다.

　약속 시간을 맞추기 위해 그는 대낮에 친구들과 어울려 술잔을 돌렸다. 그는 레몬 소주와 환타를 마시고 서울역에서 전철을 타고 약속 장소로 가는데 다시 두드러기가 시작되었다. 그는 잠의 나락으로 빠져들기 위해 사투(死鬪)를 벌였다. 수박 속 같은 1호선 전철의 푹 꺼지는 긴 의자에 앉아 그는 잠을 부르는 주문을 외웠다. 「그녀가 처음 울던 날」을 속으로 부르고 또 불렀다. 그가 깨어났을 때 전철은 명학역을 지나고 있었다. 앞으로 일곱 정거장만 가면 수원역이었다. 조금만 더 눈을 붙이고 있으면 되었다. 그러나 다음에 전철이 정차한 역은 안양역이었다. 그는 깜짝 놀라 안양역에서 내렸다. 그가 타고 온 전철은 수원역까지 갔다가 서울 방향으로 돌아가는 중이었다. 그는 맞은편으로 건너가 수원행 전철로 갈아탔다. 그는 일곱 정거장을 견디지 못하고 다시 잠들고 말았다. 그가 깨어났을 때 전철은 석수역을 지나 시흥역으로 가는 중이었다. 그가 바꿔 탄 전철도 수원역을 거쳐 서울 청량리역으로 가고 있었다. 그가 만나기로 한 친구는 커피숍에서 두세 시간을 기다리다 쪽지를 남기고 돌아간 뒤였다.

그에게는 계절이 바뀌거나 실내 공기만 바뀌어도 대번에 그 증상이 찾아왔다. 심지어 물만 바꿔 마셔도 그리되곤 하였다. 그에게 잠은 그 무엇보다도 훌륭한 명약이었다. 그러나 그의 잠은 엄청난 크기의 드럼통에 고체상태로 담겨 있어 그때그때 필요한 만큼 덜어내 사용하기 어려웠다.

질척이는 밭둑에 선 갯버들 가지가 흔들렸다. 어디선가 물 흐르는 소리도 들려왔다. 흐르는 물을 길어 올리는 갯버들의 눈망울이 버들강아지였다. 최선을 다해 잎을 틔우는 베어졌던 갯버들의 운명을 생각했다. 눈을 녹이고 온 바람과 솜털을 맞대 비비는 버들

강아지들을 보았다. 그는 그동안, 하염없이 맹지(盲地)로 걸어들어온 게 아니었을까.

그리마

●

　머리를 감은 세숫대야 물을 버리고 보니 그리마가 바삐 기어가고 있다. 이 주일 전쯤 타일 바닥 구석에 죽어있던 그리마다. 수돗물에 몸을 싣고 멈춤 동작을 푼 그리마가 기고 있다. 바싹 마른 몸으로 다리를 놀려 바삐 길 수는 없어도 기는 흉내는 낼 수 있다. 머리를 말릴 시간을 게으름 피우다 날린 나는 갑자기 바빠졌다. 소파에 누워 지난해 물걸레질로 문질러 지운 천장의 파리똥 개수를 세기도 하고 주위의 펜션에서 풍겨오는 삼겹살, 목살, 갈빗살 굽는 노린내를 맡으며 자취 생활 30년 동안 지겹도록 해먹은 음식 종류를 헤아리기도 했다. 수건질로 대충 물기만을 털어내고 옷을 갈아입고 현관문을 잠그고 나와 차 시동을 걸었다. 올림픽대로 잠실대교까지는 거의 막히지 않지만 다음부터가 문제였다. 거기서부터 사무실까지 한 시간 남짓 걸린다. 어떤 때는 두 시간을 잡아먹기도 한다. 나는 오늘도 늦지 않기 위해 최고속도 80~100km로 달려야 한다. 조금만 일찍 나오면 느긋하게 도착할 수 있는데도 게으름을 피우다 바빠진다.

그리마가 하수구 마개에 걸려 움직이지 않는다. 다리가 많은 벌레가 가장 무섭다고 말한 사람 생각이 난다. 나는 그리마의 멈춘 다리를 빌려서라도 제시간 안에 도착해야 한다. 조바심이 일어 자꾸 시간을 확인하고 신호가 바뀌기를 기다리다 참지 못하고 음악을 틀었다. 북한강 물줄기가 보이는 길가에 차를 세우고 싶다. 파노라마 선루프를 열어놓고 의자를 제끼고 눕고 싶다. 하늘을 그 아래 구름을 실눈을 뜨고 바라보고 싶다. 하지만 마음속에는 죽은 그리마가 다리를 놀려 바삐 기고 있다. 계기판의 시간과 핸드폰의 시간, 손목시계의 시간이 맞지 않는 순간의 연속이다. 어김없이 잠실대교를 지나자 차가 막힌다. 출근 시간에 맞추기 위해 핸드폰 내비게이션을 켜 추천경로를 안내받았지만, 지름길을 아는 사람이 많은 이상 시내로 접어들기가 쉽지 않다. 언젠가 택시 기사한테 알게 된 나만의 지름길로 밀고 나아간다. 반포대교 밑에서 반포한강공원으로 빠져 강을 건너온 잠수교를 따라 서초역 방향으로 진행하는 길이다. 사거리까지 막힌 차들이 후미등을 켜고 있다. 물기가 마른 타일 바닥이 보인다. 침침한 눈을 비벼 떠본다. 젖은 다리로 앉아있던 죽은 그리마가 떠오른다. 욕조에 빠져 퉁퉁 부은 그리마 사체가 떠다닌다.

구리암사대교를 지나고부터 어김없이 목이 졸리고 코가 막히는 증상이 찾아왔다. 만성 비염의 콧구멍에 코르크 마개가 끼워진다.

무거워진 머리를 쥐고 꾹꾹 눌러보지만 상태가 호전되지 않는다. 이럴 때 무거워진 머리가 밀가루 반죽이라면, 어죽에 수제비를 넣듯 두통을 한 조각씩 떼어낼 수 있다면. 경북 상주에서 잡아 온 매운탕거리 쏘가리들이 손질된 채 냉동실에 들어있을 것이다. 오늘 밤 들어갈 때 마트에 들려 미나리와 쑥갓 깻잎을 사가 쏘가리 매운탕을 끓일 것이다. 퇴근해 집에 들어갈 땐 피로 때문에 매운탕은 또 내일로 미뤄질 것이다. 토요일 저녁에 친구를 불러 자두나무 그늘 탁자에서 매운탕을 먹을 것이다. 친구는 갑자기 일이 생길 것이고 길이 막히는 청평(淸平)에 오지 못할 것이다. 내장도 없는 쏘가리들은 영하 23℃를 오르내리는 무관심 속에 냉동상태로 방치될 것이다.

 어딘가 탈이 나지 않으면 벗어날 수 없는 길이 있다. 나는 익숙한 길의 막힌 터널에 갇혀 있다. 수천 번 벗어난 적 있지만, 몸도 마음도 머리를 따라나선 적은 없다. 하는 일을 때려치우고 잠적할 수도 그러지 않을 수도 없는 마음이 잠깐, 죽은 그리마를 따라가다 멈추곤 한다.

그까짓 거

　고향 바닷가에 가서 날아가지 않은 해국(海菊) 씨앗을 훑었다. 손에 쥐고 있으면 열이 나는 해국 솜털 씨앗을 종이에 접었다. 어딘가 숨겼다 울 밑에 골을 파고 묻고 싶었다. 집 주위에 꿀벌들이 윙윙거리는 가을날을 상상해보았다. 핸들을 쥔 손안에 해국 씨앗을 접은 종이가 잡혔다. 그날따라 집까지 가는 길이 멀게 느껴지지 않았다.
　주차하다 소집에서 나오는 아버지와 마주쳤다. 연락도 없이 찾아온 아들을 위해 아버지는 웃음을 준비했다. 미안한 아들은 바닷가에서 훑어온 해국 씨앗을 내밀었다. 해국 씨앗입니다. 봄이 오면 심으라고 바닷가에서 훑었어요. 미안한 나는 말끝을 흐렸다. 쪽문 옆 우체통에 해국 씨앗을 넣은 아버지가 말했다. 씨앗은 봄에 묻어야 해. 아버지만큼 씨앗을 많이 묻어본 사람도 드물 거였다. 일 욕심이 많은 아버지는 해마다 땅을 늘려 농사를 지어왔다.

추수가 끝나면 바다 일을 하러 다녔다. 겨울엔 김 양식을 해서 지게를 지고 나가 김을 뜯어왔다. 눈비가 오지 않는 한 쉬는 날이 없었다. 몸살이 나서 끙끙 앓다가도 날이 밝기 전에 밖으로 나가 돌아다녔다. 하루라도 쉬면 큰일이 나는 사람이 아버지였다. 나는 아버지를 따라 집으로 들어가지 못하고 우체통을 바라보았다. 바람이 잘 통하는 곳에 보관해야 발아율이 높은 게 씨앗이었다. 우체통에는 꽃씨들이 봉투에 담긴 채 겨울을 나고 있었다.

올해까지만 농사를 짓고 그만둔다는 게 벌써 몇 년째인지 몰랐다. 열두 살 때부터 금광(金鑛)에 다닌 아버지는 중증 진폐를 앓고 있었다. 조금만 움직여도 숨이 가쁜 데도 농사일을 그만두지 못했다. 그까짓 거 한나절이면 쳐부수겠지. 언제 일을 다 끝내냐는 내 말에 그때마다 아버지가 하는 대답이었다. 일하기도 전에 겁부터 내는 사람은 농사꾼이 아니었다. 물끄러미 우체통을 바라보고 있는데 아버지가 일하다 접질린 오른 다리를 절면서 쪽문으로 나왔다. 추운데 어서 들어오지 않고 뭐하냐, 내 눈을 건너다보았.

40대 중반을 넘긴 아들과 식탁에 앉은 아버지가 말을 꺼내었다. 어려서부터 일해 보니 근력이 붙어 가장 일하기 좋았던 게 40대였다는 거였다. 아버지는 웃으며 너도 그렇지 않으냐 물었다. 나는 뭐라고 할 말이 없었다. 그래서 수긍하는 척 고개를 끄덕였다. 아버지가 다시 말을 꺼냈다. 금광에 같이 다닌 사람 중에는 내가 가장 오래 살았어. 일을 그만뒀으면 골방 노인네처럼 폭삭 늙었을 거여. 약봉지를 식탁 구석으로 밀어붙인 아버지의 손을 잡고 싶었다. 트고 갈라진 굳은살들은 농사꾼의 집념을 보여주는 것이었다.
  정수기 물을 받아 마신 아버지가 친구 이야기를 꺼냈다. 사람들이 그랬잖여. 폐암이라 몇 달 살지 못할 거라고. 그런데 그 사람 몇 년을 더 버티고 갔잖여. 당장은 몸이 힘들어도 하던 일을 계속해야 하는 겨. 항암치료나 받으러 다니면서 누워있었으면 몇 달 버티지 못하고 갔을 겨. 일을 해야 힘이 생기고 암세포와 싸울 수도 있는 겨. 아버지의 말을 듣는 동안 나는 꾀를 피우며 슬렁슬렁 살아온 지난날들이 부끄러워졌다.
  여름날 뙤약볕에서 노랗게 익은 담뱃잎을 따 리어카에 싣고 집으로 가는 폐암 말기 환자인 농부를 보았다. 까맣게 마른 그는 농부라서 밀짚모자를 쓰고 토시를 끼고 장화를 신고 있었다. 간신히 리어카를 집 안으로 들인 농부는 마루에 누워 잠이 들었다. 물에만 밥을 떠먹은 그가 안마당에 불을 밝혔다. 담뱃잎을 엮어 비닐집에 널고 있었다. 이까짓 거, 이까짓 거. 아무것도 아니었다. 그는 언제나 자신과 싸워 간신히 이기는 사람이었다.

  초등학교 졸업 후
  그는 줄곧 농부였다
  폐암에 걸린 지금도
  그는 농부로 살아간다
  스무 날이 남았다고도 한다
  이제 열흘이 남았다고도 한다

그보다 더 안 남았다고도 한다
누군가 수군거리는 소리를 듣지 않는다
그는 지금도 농부여서
모자를 쓰고 토시를 낀다
장화를 신고 여름 담배밭에 들어가
담뱃잎을 따 리어카에 싣는다 그는
새카맣게 말랐지만 안마당까지
리어카를 끌어다 놓을 힘은 남았다
그는 마루에 드러누웠다 일어나
안마당에 전깃불을 밝힐 것이다
담뱃잎을 엮어 비닐하우스에 널 것이다

―시, 「농부」 전문

  농사일하기 싫어 다락방에 올라간 나는 세로줄 니체 전집을 읽었다. 말을 하는 대신 모든 것을 행동으로 보여주는 게 농부의 삶이었다. 진정한 농부의 삶이 니체의 삶과 비교해 못할 것도 없었다. 체험을 통해 행동하는 농부의 삶은 자신의 의지가 없으면 불가능한 것이었다. 의지는 정신의 또 다른 이름이었다. 씨앗이 품고 있는 미래를 상상하는 일 또한 농부가 할 수 있는 일이었다.
  아버지를 따라 비닐 집에 들어갔다. 올해부터 농사를 짓지 않겠다는 말과는 달리, 벌써 모판에 상토를 넣고 뿌리를 틔운 고추씨를 심어놓았다.

스파크

●

 폐광된 금광에서 다시 다이너마이트 폭음이 들렸다. 차돌의 파편과 먼지가 날아올랐다. 광산업자 아비를 둔 도시 여자아이가 전학을 왔다. 그녀를 바라보는 것만으로도 가슴이 뜨끔거렸다. 그녀가 올 리 없는 벼꽃이 핀 논두렁에 쭈그려 앉아 금세 피었다 지는 벼꽃을 바라보았다. 나에게는 사람을 만날 때마다 다이너마이트 폭음이 들렸다. 숨을 곳을 찾지 못한 나는 패잔병이었다. 사람들에게 무슨 말을 할 수 있을까. 숨지 못한 나는 피할 방법을 찾는 대신 그들에게 눈으로 말했다. 제발 나를 아는 척하지 말아 주시길. 그냥 왔던 길로 돌아가 주시길. 나는 소심해져 차돌에 박힌 금속이 되고는 하였다. 겉으로 드러나지 않은 금속과 만나기 위해 차돌에 차돌을 던졌다. 수천만 년 전에 생성된 스파크와 내가 하지 못한 말들이 포옹하는 순간이 있었다. 그때마다 별이 태어나고 별들의 운행이 시작되었다. 나는 지독한 말더듬이였다. 하지만 말을 잘하기 위해 말을 더듬지 않기 위해 어떤 노력도 하지 않았다. 새벽마다 아래 사랑채 대청마루 쪽 측백나무에 앉아 재잘대는 참새들의 말을 들었다. 밥 먹을 때마다 말을 붙이는 부모님과 동생들이 성가셨다. 뒤꼍의 자두나무 앵두나무 감나무 밤나무 개망초 졸(부추) 토담의 벌집을 들락거리는 벌들 장독대의 항아리들에게 대신 말해주기를 바랐다. 나는 밥 먹을 때 산 정상에 올라 호흡을 할 때 달리기를 할 때 입을 크게 벌리고 잠잘 때를 제외하곤 입을 다물었다. 나는 설명이나 변명하지 못하는 벙어리가 된 거였다.

한동네에 사는 벙어리 한 씨 아저씨는 장가를 들고 열흘쯤 말문이 트였다고 했다. 이후로 그의 말문은 어떤 연유로 닫히게 된 걸까. 그는 늘 웃는 낯으로 사는 벙어리였다. 취중에 엄지와 중지를 번갈아 펴들고 애개개, 애개개, 애개개개를 연발했다. 그는 누구보다 말을 잘하고 싶었던 게 아닐까. 누구보다 하고 싶은 말이 많았던 게 아닐까. 아무도 알아들을 수 없는 그만의 말이 사람들 사이에서 공허하게 울렸다. 한자리에 모여 앉아 낮부터 술을 마셨지만, 사람들은 화투를 치지 않는 그의 존재를 지운 상태였다. 불쾌하게 취한 그가 술집을 나와 맨손 세면을 하고 공동묘지를 바라보고 게를 내리고 소변을 보았다. 오줌통에서 거품이 부글거렸다. 부화하지 못한 말들이 거품이 되었다. 소변을 보는 독에서 흘러넘친 거품이 신작로에까지 번졌다. 아버지를 불러올리라는 어머니의 특명을 받은 나는 그가 열고 들어간 칸이 많은 유리문에 번들거리는 저녁노을을 바라보았다. 그는 왜 소통 불가능한 사람들과 어울릴 수밖에 없는 걸까. 그는 왜 집에서 기다리는 부인을 염두에 두고 있지 않은 걸까. 정중앙 가르마를 타 비녀를 꽂은 머리에 물을 찍어 바르며 이제나저제나 그를 기다릴 부인은 그냥 집에 있는 존재가 되어버린 걸까. 진드기가 달라붙은 무궁화나무에 꽃이 만발한 여름밤, 그가 혼잣말을 흘린 적이 있었다. 그는 걷잡을 수 없이 취해 짧은 교각에 서 있었다. 녹이 슨 교회 종탑이 간신히 윤곽을 드러낸 언덕을 바라보았다. 그가 찬물의 개구리처럼 짧고 가늘게 울었다. 거기 목매달아 죽은 동네 아주머니의 이름을 부른 것도 같았다. 그의 걸음은 휘청거렸지만 신작로를 벗어날 정도는 아녔다. 그는 누추한 슬레이트집 마루에 켜진 백열등이 발산한 빛을 볼 수 없었다. 그는 혼자였지만 혼자이기를 원한 적이 없었다. 그의 집엔 식솔들이 우글거렸지만 그의 집은 홀아비 혼자 사는 옛집 그대로였다. 장에 갔다 돌아오는 마누라를 정류장까지 뛰어나와 업고 가던 그의 젊은 시절은 사람들 뇌리에만 남아 있었다. 나는 언제나 탈출하는 그를 기억하고 있었다. 부인을 목말 태운 그가 술 없이도 흥에 겨워 추던 춤을. 그리고 그가 부르는 가사 없이도 완벽한 노래들을.

학교에서 돌아와 책보를 마루에 냅다 집어던진 나는 산과 들 바다를 쏘다니는 벙어리였다. 어디에 어떤 새가 둥지를 틀었는지 토끼와 노루 길이 어떻게 이어지는지 어디에 너구리굴이 있는지 부엉이는 어디서 사는지 어디에 있는 야생보리수와 정금(토종 블루베리)이 언제 익는지 도라지와 창출과 잔대가 어디에 밀집해 있는

지 오이꽃버섯은 어디서 올라오는지 말할 필요가 없는 독립공간에서 나는 신이 났다. 주전자를 들고 바다로 달려가 혼자서 수영을 하고 손으로 게를 잡고 고기를 잡았다. 나는 샘물이 어디에 고여 있는지 알고 있었다. 바닥에 엎드려 맘껏 샘물을 들이켜고 달구워진 자갈 바닥에 벌렁 누워 눈을 찡그린 채 태양과 구름과 하늘을 보았다. 옅은 지린내를 몰고 온 갯바람이 비단결 홑이불을 덮어주고 잠결에 부채질까지 해주었다. 저녁뜸에 눈이 떠져 언덕을 바라보았다. 관이 떨어져 사각의 구멍만 남은 무덤이 보였다. 그곳의 수문이 들이켜는 밀물 소리에 놀라 꼼짝할 수 없게 되었다. 해골과 뼈들이 굴러떨어지는… 파도에 파 먹힌 해변의 묘지가 있는 언덕에 꼼짝없이 사로잡혔다. 나는 죽은 자들이 살아보겠다고 악을 쓰는 현재에 외따로 갇힌 벙어리였다. 온갖 상상을 뒤따르는 공포를 떨치고 일어날 용기가 내게는 없었다. 나와는 상관없는 그들의 현재를 상상하면서 내 과거를 지울 수 있었다. 나는 말할 수 없어 말을 더듬었다는 사실을 망각한 어린아이였다. 그때 누군가 불쑥 나타나 준다면 다시는 말을 더듬지 않을 수 있겠다 싶었다. 바닷물에 빠져 몇 번이고 죽을 고비를 넘긴 다음이었다. 나는 영원히 죽지 않을 거라는 자신감을 상실해가고 있었다. 홍수가 진 날 불어난 냇물을 건너다 보창(깊은 물웅덩이)으로 휩쓸렸을 때 그곳에 빠져 죽은 여자아이가 떠올랐다. 그 아이가 발목을 잡고 세상 끝으로 이끌고 있었다. 그곳의 흙탕물 소용돌이에서 세 번 떠올랐을 때 나는 계속 기슭의 풀을 이어 잡고 있었다. 죽음에 대한 공포 때문에 숨이 막히고 더 말을 잘할 자신감 또한 상실했다. 삽으로 뱀의 목을 치는 광경을 지켜보면서 뱀이 목 없이 얼마나 빠른지를 알 수 있었다. 잠글 수 없는 수도꼭지에 연결된 호스가 피를 내두르며 질주하는 광경이 꿈에도 나타났다. 우리는 태어날 때 이미 목이 잘렸다. 그래서 어딘지 모르는 곳을 향해 무작정 질주할 수밖에 없었다. 뱀 껍질을 벗겨 막대기에 끼운 지휘봉을 든 선생님께서 대답을 못 하고 구구단을 못 외우고 책을 못 읽는 내 등을 휘저었다. 그가 잘린 뱀 목에서 떨어진 뱀 대가리를 보여주었다. 그의 말을 듣지 않으려고 나는 달리고 있었다. 고무줄이 팔뚝에 묶이고 주삿바늘이 꽂히기 무섭게 나는 밖으로 뛰쳐나와 달렸다. 나를 지키기 위해 순간을 모면하기 위해 말이 필요 없는 세상으로 질주하고 있었다. 다시 태어나고 싶은 세상으로 도주하고 있었다.

나는 내가 아니었음 싶다
나는 내가 없는 곳으로 가서
나랑 만나 살고 싶다

복숭아꽃 피는 언덕을 넘고 싶다
복숭아꽃 피는 언덕으로 가고 싶다

―시,「복숭아꽃 피는 언덕」전문

말이 필요 없는 세상이 존재한다 믿은 나는 끊임없이 그곳으로의 탈출을 시도했다. 초등학교 4학년 때 담임선생님이 우리 집에 이사와 살았다. 선생님은 밖으로만 나도는 나를 저녁마다 신혼 방으로 불러내려 글을 쓰게 했다. 제대로 책도 읽지 못한 내게 글을 쓰라고 했다. 처음엔 몇 줄 쓰지 못했지만, 곧 혼자 떠돌면서 관찰한 내용을 옮겨 쓰는 일에 익숙해졌다. 내가 책을 읽고 글을 쓰게 될 줄은 몰랐다. 나로 인해 내가 감탄할 일이 처음으로 생긴 것이다. 나무에 기어 올라가 책을 읽고 글을 쓰는 생경한 내 모습에 내가 놀라고 있었다. 그때 내가 말더듬증에서 벗어났다면 묻고 대답하기를 쉽게 했다면 말을 더듬다 첫 마디가 터져 나오지 않아 발을 구르다 윗집 누나의 발을 밟고 선생님의 발을 밟지만 않았다면 그 상처를 내가 아무것도 아니라고 치부했다면, 나는 문자언어로 말하려는 노력을 진즉 접었을 것이다. 써레질하는 아버지 뒤를 제비들이 낮게 날고 있었다. 수십 마리의 제비들이 날면서 소리를 지르고 있었다. 전깃줄에 앉은 제비들이 무슨 말인가를 끊임없이 쏟아내고 있었다. 그 말들과 들뜸과 소요를 견디는 유일한 방법은 눈을 감고 귀를 닫는 게 전부였다.

집질 자리를 고르듯, 지붕 위에 앉은
한 쌍의 제비가 재잘거리는 걸 본다

제비의 말은 너무 빠르다 제비의 말은

너무 길다 나는 알아듣지 못한다

제비들은 어떻게 그걸 다 기억하는지, 알아듣는지

모른다 언젠가 살아본 곳이라는 듯

오랜만에 찾아와 할 얘기가 끝없이

밀려 있다는 듯, 제비는 나란히 앉아

재잘거린다 제비들이 보고 있는 곳이 나에게는

보이지 않는다

상처를 감추려는 사람은 어느새

말이 많아진다는 생각 허공 속으로 눈길을 돌린다는

생각… 제비는 하늘 높이 날아가고 있다

—시, 「제비」 전문

    나는 고등학교 1학년 가을까지 소설을 쓰는 말더듬이였다. 하숙집 뒷산에 올라가 추수 끝난 평야를 바라보았다. 바짝 잘린 벼 밑동에서 새싹이 올라와 있었다. 곧 혹한이 닥쳐올 것이었다. 그런 것을 염두에 두고 살고 싶지 않았다. 평야를 가로지르는 경부선 철길에서 비명을 지르며 교차하는 열차들을 보았다. 나는 나를 버리고 새로운 나와 만나기 위해 시를 써볼 작정이었다. 밤마다 양계장을 하는 하숙집 거실에 쌓아둔 달걀을 몰래 삶아 먹고 진탕 닭똥 냄새를 맡았다. 한밤의 성에 무늬 하숙방 창문을 노크하는 소리가 들렸다. 수학여행에서 돌아온 그녀가 에델바이스 액자를 건네고는 하숙방보다 높은 길로 달아났다. 언어장애인인 내가 어떻게 그녀에게 다가갈 수 있겠는가. 내 절망은 비탄에서 비롯되었다. 그녀가 남긴 에델바이스 액자를 수천 번 열었다 꿰 맞춘 어느 날, 나는 짧은 시 한 편을 옮길 수 있었다.

    그대가 꺾어준 꽃
    시들 때까지 들여다보았네
    그대가 남기고 간 시든 꽃
    다시 필 때까지

―시, 「첫사랑」 전문

그리고 이십여 년이 흐른 어느 날 옛 하숙집에 가 변한 것 없는 하숙방에서 시 한 편을 옮겼다.

    초승달이 설산(雪山) 높이에서
    눈보라에 찌그러지면서 헤매는 것,

내가 얼마만큼이라도
너에게 다가가고 있다는 증거다

창문보다 높은 골목길
발자국이 뜸한 새벽녘,
설산 어딘가에 솜털 보송한
네가 있다기에 나는 아직도
붉은 칸 원고지에 소설을 쓰는 거다

너와는 이루어질 수 없는 사랑이라
너와는 이루어지는 소설을 쓰는 거다

곁에 있던 네가 내 안으로 들어와
이룰 수 없는 꿈을 같이 꾸는 거다

—시, 「에델바이스」 전문

한때 죽은 세포까지 살려내는 시를 쓰겠다고 떠벌린 나였다. 언젠가는 약속을 지키기 위해 시를 썼다. 배꽃이 피기 시작할 때, 자귀나무꽃이 피었을 때, 나는 그곳에 가서 그녀가 친구와 자취하던 집 창문을 바라보았다. '공주집'에 앉아 소주를 마시며 그녀를 기다렸다. 첫 시집이 나온 얼마 후 그녀를 만나러 태종대에 갔었다. 나는 그녀에게 폐등대였던 게 확실해 그녀는 나에게 올 수 없었다. 그녀가 화장실에 갔을 때, 나는 그녀와 내 이름이 적힌 우리들의 첫 시집을 파도의 페이지에 끼워 넣었다. 등대에 기대어 울 수도 웃을 수도 없는 상태가 되었다. 나는 어떤 말도 할 수 없는 언어장애인이었다. 오디가 익을 무렵 다시 그곳을 찾은 나는 노을이 깔린 수평선을 보았다. 시공을 달리해 살아가는 그녀와 내가 다시 만나 소주를 마실 우연은 더는 일어나지 않았다.

내가 먼저 도착해 파도 밑에
핸드폰을 넣어두고 떠나야 했지
저물녘 수평선까지 다가갔던 마음
이런 상태로 하늘을 본 적은 없었지
몹쓸 소설의 표지를 디자인한
노을이 빠져나갔지
완성 불가능한 소설에 구겨 넣은
이미지들 조류를 타고 쓸려 다녀
반을 잃은 보름달이 떠올랐지
내용을 가르고 화물선이 지나갔지
거래는 이루어지지 않았지
상처는 찰나에 꿰매어지고

누군가의 눈빛으로 읽히고

아물 수 있다고 믿었지

고개를 가로젓는 달밤이 돌아왔지

―시, 「월량대표아적심(月亮代表我的心) -태종대」 전문

그녀가 내 환상의 중심에 있어 주지 않았다면 나는 영원히 벙어리가 되어 벌써 억새를 피우는 무덤에 들지 않았을까. 그녀가 내 벗겨져 아무는 피부였고 내 소생하는 의지였고 내 줄행랑치는 심장이었다. 그녀는 언제나 나에게는 질 수 없는 나로 살게 해주었다. 그러나 그녀는 내가 사라진 후엔 아무것도 아니게 되리란 걸 모를 것이었다. 나는 내가 아닌 '나'였고 그녀 또한 네가 아닌 '너'였으므로.

하루 종일,

내를 따라 내려가다 보면

저수지가 나오네

내 눈 속엔 오리 떼가 헤매고 있네

내 머릿속엔 손바닥만 한 고기들이

바닥에서 무겁게 헤엄치고 있네

물결들만 없었다면, 나는 그것이
한없이 깊은 거울인 줄 알았을 거네
세상에 속까지 다 보여주는 거울이 있다고
믿었을 거네

거꾸로 박혀 있는 어두운 산들이
돌을 받아먹고 괴로워하는 저녁의 저수지

바닥까지 간 돌은 상처와 같아
곧 진흙 속으로 비집고 들어가 섞이게 되네

—시, 「저수지」 전문

　나는 너를 기다리면서 나를 기다렸다는 것을 오랜 시간이 흐른 뒤 알았다. 너 또한 "파먹을 수 있는 것,/ 나 자신밖에는 없"(시집 『붉은 열매를 가진 적이 있다』 표4 부분)어, 해름 무렵이면, 가슴 먹먹한 반벙어리가 될 때가 있을 것이다.

겨울 새벽의 공중전화

●

새벽에 걸려 오는 전화 대부분은 취객의 것이다. 전화를 받으면 몇십 분에서 길게는 한두 시간 이야기를 들어주고 박자를 맞춰줘야 한다. 떠들썩한 술자리 소음이 들려오고 맨정신으로 술자리에 앉아 이야기를 들어줘야 하는 곤욕을 치러야 한다.

무음으로 설정해 놓은 핸드폰 불빛이 반짝거렸다. 발신 번호를 확인했는데 일반전화 번호였다. 급한 일이 아닐까 싶어 통화 버튼을 눌렀다. 아니나 다를까 술에 취한 그의 목소리가 봇물 터지듯 튀어나왔다. 어디냐. 어서 와라. 보고 싶다. 그의 말은 간단명료했다. 얼떨결에 발신 통화 버튼을 눌렀지만, 착신 불가능한 전화 번호였다. 핸드폰 배터리가 방전됐거나 또 핸드폰을 분실했거나 받지 않을까 싶어 공중전화로 한 것이었다. 한참 만에 다시 전화가 걸려 왔다. 그는 대뜸 출발했냐고 다그쳐 물었다. 핸드폰 배터리가 다 됐으니 빨리 오라고 했다. 거기가 어디냐 물었는데, 어딘지 모르겠다고 대답했다. 추위 죽겠으니 빨리 오라는 말만을 반복했다. 동전도 없다. 어디서 점퍼를 벗어놓고 나와 추위 죽겠다. 나는 거기가 어딘지 물어보고 다시 전화하라고 말했다. 내 말을 알아들었는지 또 전화가 끊겼다.

다시 전화가 걸려 오기를 기다렸다. 지나가는 사람들에게 동전을 구걸하는 상상을 했다. 내가 아는 그는 그럴만한 주변머리도 못 되었다. 사람들에게 손을 벌리는 대신 길바닥에 떨어진 동전을 찾고 있을 것이다.

언젠가 그에게서 전화가 걸려 온 적이 있었다. 집에 내려갈 차비가 없으니 계좌로 차비 좀 부쳐달라고 했다. 그는 공중전화에 남은 70원으로 계좌번호를 재빨리 불러주었다. 그 일이 있고 한참 지난 어느 날, 그에게서 전화가 걸려 왔다. 지갑을 잃어버려 가방에 통장만 남았다. 은행에 가서 통장을 찍어봤는데 원고료 들어온 게 없었다. 통장에 인쇄되는 소리가 나서 원고료 들어온 줄 알았는데 '생일 축하합니다.'가 찍혀 있었다.

다시 전화가 걸려 오지 않았다. 수신자부담 전화로 걸거나 행인에게 핸드폰을 빌리면 되는데 그는 몸 하나 주체할 수 없게 취해 있었고 나 또한 수신자부담 전화를 떠올리지 못했다. 어딘지도 모르는 거리를 헤매고 있을 그를 생각했다. 아무리 술에 취했어도 여기가 어디냐 물어볼 숫기도 없는 그였다. 핸드폰으로 전화를 걸었지만 계속 전원이 꺼져 있었다. 엄동설한의 거리를 헤매는 그와 만날 방법이 없었다.

아주 오래전의 일이 떠올랐다. 집 근처에서 친구와 거나하게 마시고 헤어졌다. 집까지는 걸어서 5분 거리도 되지 않았다. 무슨 생각엔가 꽂혀 골목을 잘못 들어선 것뿐인데 방향 감각을 완전히 잃고 말았다. 나는 운동복 바람으로 낯선 도시의 골목길을 헤매었다. 덜덜 떨면서 단독주택의 초인종을 누르고 다짜고짜 옷과 이불을 빌려 달라 떼를 쓰고 싶었지만, 대부분 묵묵부답이었다. 인터폰을 받은 사람도 취객의 장난쯤으로 알았다. 달도 별도 없는 하늘엔 십자가 불빛만 널려 있었다.

점심 무렵이 되어 그와 통화가 되었다. 새벽에 잘 들어갔냐 묻고 싶었지만 그는 능청스럽게 내 근황을 물어왔다. 그는 자신이 새벽에 전화한 사실을 모르는 눈치였다.

그의 핸드폰에는 수신번호가 찍히지 않는다는 것을 알고 있었다. 간신히 숙취를 수습하고 일어난 아침, 핸드폰 발신 번호를 확인할 엄두가 나지 않았다. 술을 마시고 전화를 걸면 반드시 후회하게 마련이기 때문이다. 무슨 말을 지껄였는지 기억이 나지 않아 별의별 상상을 하게 되기 때문이다. 멀쩡한 상태로 전화를 받은 상대방한테 미안해지고 나를 들켜버린 자괴감에 빠져 온종일 허우적거리게 된다.

혼자 술 마시다 보면 악마의 유혹에 빠질 때가 있다. 하지만, 무장 해제 된 상태로 전화를 걸 상대가 없다. 전화를 걸 용기 또한 사라졌다. 어느새 술 담배를 끊는 사람이 늘었다. 폭음하면 다음 날 몸이 부대껴 견딜 수 없는 나이, 맑은 정신으로 살아도 아픈 곳이 늘어나는 고물이 된 것이다. 새벽까지 어울려 술을 마시고 행사장으로 몰려다니던 시절은 이제 다시는 오지 않을 것이다.

어두운 거리에서 혼자된 사람의 막막함을 모른 척 외면하는 사람이 되어, 우리는 살고 있지 않은가. 우리는 조그만 불편도 감수할 여력이 없어진 상태로 연명하는 삶을 살고 있지 않은가. 타의에 의해 강제로 술을 끊은 그들의 어눌해진 말투와 어두운 낯빛이 떠나지 않는다.

무의식의 세계

●

 함석 기와지붕 밑으로 참새들이 들락거린다. 둥지를 지을 자리를 물색하느라 분주하다. 겨우내 함석 기와지붕 밑으로 기어들어 잠자고 나대던 녀석들이다. 며칠 전부터 지푸라기를 물고 와 주위를 살피고는 지붕 밑으로 기어들어 간다. 어떻게 둥지를 짓는지, 얼마만큼 둥지를 지었는지 궁금해 사다리를 놓고 올라가 살피고 싶지만 그만두기로 하였다. 둥지를 짓는 참새에게 들키면 둥지를 짓는 일을 그만둘지도 모르고 잠을 자러 오지도 않을 거란 생각에서다. 이제는 도시에서 쉽게 볼 수 없는 참새들이 재잘거리는 소리를 듣지 못할까 조심스럽다. 음식을 만들 때도 주방 후드를 켜는 대신 창문을 열어놓고 라디오나 전축을 틀지 않게 되었다. 둥지를 짓는 참새를 안심시키기 위한 최소한의 배려인 셈이다.
 몇 년 전에 고향에 갔을 때였다. 커피를 마시러 주방에 들어갔는데 냄새 때문에 질식하는 줄 알았다. 주방 특유의 퀴퀴한 냄새와 근원을 알 수 없는 비린내가 범벅이 되어 있었다. 닫혀 있는 창문을 활짝 열어놓고 주방 후드를 틀었다. 흙가루와 지푸라기들이 주방 후드 프로펠러에 갈려 쏟아져 나왔다. 기겁하고 주방으로 들어온 어머니가 급히 주방 후드 정지 버튼을 누르고는 창문을 닫아걸었다. 그러고는 내 팔목을 거실로 잡아끌었다. 주방 후드 안에 새 둥지가 있고 어미 새가 새끼들에게 먹이를 물어 나른다고 하였다. 어머니는 밥도 주방에서 짓지 않고 아래채에 딸린 창고에서 지어먹는다고 했다. 너희들 키울 때가 생각나서 까치발을 들고 들어가 새끼들이 입 벌리는 소리를 듣곤 한다. 얼마나 좋은지 모르겠다. 그 소리를 들으면 밥 떠먹을 때마다 너희들 얼굴이 떠올라서 웃는다. 혼자서 웃을 일이 얼마나 있을까 했는데 저것들이 글쎄 중신을 선 것이지 뭐냐. 옛날과 시방을 끈으로 연결해주는 녀석들이 고맙기만 하다. 말을 마친 어머니는 내 눈을 바라보고는 마른걸레를 들고 서둘러 밖으로 나갔다.

어느 날 불쑥 찾아간 집에서 어머니의 잠을 보았다. 안방 마루에 누워 잠이 든 어머니는 마른걸레를 베고 있었다. 얼마나 피곤했으면 마른걸레를 머릿수건으로 알고 깔고 누웠을까. 짧은 파마머리와 검게 탄 얼굴이 아프리카 원주민 여인을 떠올리게 했다. 아래채 굴뚝 옆에 서서 하늘을 바라보았다. 어디선가 참새들의 지저귐이 들려오고 있었다.

아래채 대청마루 창문 밖으로 측백나무가 줄 서 서로의 간격을 없앴다. 그곳에서 참새 떼가 잠을 자고 동이 트기 전에 깨어나 재잘거리기 시작했다. 참새들이 어떻게 자는지 궁금해 플래시를 비춰본 적이 있었다. 참새들이 어디로 날아가는지 궁금해 측백나무를 흔든 적도 있었다. 부모님은 참새보다 일찍 일어나 아궁이에 불을 지피고 두런두런 말을 주고받았다. 나는 부모님께 살가운 자식이 못되었다. 내가 먼저 말을 붙인 건 아쉬울 때가 전부였다. 두 분의 두런거리는 소리가 집 안의 정적을 깨웠다. 새벽부터 시끌벅적 떠드는 참새들의 지저귐이 듣기 싫어 이불을 끌어다 머리 위로 덮었다.

자정 무렵에 귀가한 나는 목재계단 앞에서 구두를 벗어들고 있었다. 구둣발로 계단을 밟으면 지붕까지 진동이 오르기 마련이었다. 되도록 2층으로 올라가는 계단을 밟지 않았다. 삐거덕거림이 참새들의 둥지 짓는 일과 부화를 방해하기 때문이다. 어미가 먹이를 물어오면 까치발을 들고 2층으로 올라가 새끼들이 입 벌리는 소리를 듣고 싶었다. 물에 말은 밥을 바닥에서 떠먹으며 어머니처럼 과거와 현재를 끈으로 잇고 싶었다.

참새들의 지저귐은 새벽에 박자가 가장 빨랐다. 한낮이 될수록 느긋해져 박자가 느렸다. 배고픔과 배부름의 차이일 것이다. 늦잠을 자고 일어난 날이면 참새의 지저귐은 느슨하게 들려온다. 제시간에 자고 제시간에 일어나는 규칙이 허물어진 지 오래되었다. 먹고사는 일을 핑계로 안주한 건 아닌가 돌아보게 된다. 긴장이 풀리고 집중할 수 있는 시간이 줄어들었다.

까치발을 들고 집 안으로 걸어 들어간다. 초심의 나를 만나기 위해 자세를 고쳐 잡아야 한다. 알에서 부화한 새끼들이 먹이를 물어온 어미에게 입을 벌릴 때 내는 간절하고 절박한 내면의 소리를 옮겨 독자에게 다가가기 위해 오롯이 집중하는 수밖에 없다. 그리하여 고정관념으로 포박당한 현재 의식에서 벗어나 한계가 없는 무의식의 세계로 진입할 수 있다.

겨울에 지일에 갔다

●

*

언젠가 불쑥 찾아간 그 집 부엌에 할머니가 앉아 있었다. 시멘트를 새로 바른 벽과 새로 얹은 슬레이트 지붕이 옛날은 없다고 알려주었다. 나는 꼬박 1년을 그 낯선 집에서 방 한 칸을 치우고 살았다. 내가 들어가기 전에 그 집은 빈집이었다. 거기서 산 1년 동안은 지루하기 짝이 없었다. 나는 배고픔을 참다못해 석유 버너에 불을 붙이고 라면 물을 올리거나 제대로 씻지 않은 쌀을 코펠에 물을 듬뿍 붓고 끓였다. 죽이나 만들어 먹을 작정이었다. 거품 풍선이 코펠 뚜껑을 밀어 올려 시멘트 마루에 내동댕이쳤다.

노인네 둘이서 살던 집이었다. 마당엔 잡풀이 우거지고 대나무가 병풍을 둘러치고 있었다. 마당 위 야산에는 기둥이 휘고 곁가지가 많은 소나무가 너저분하게 들어차 있었다. 가시가 많아도 겁나지 않는 아까시가 있었다. 바람이 불어갈 때마다 마른 단풍잎을 털어내고 있었다. 그 집은 일자로 지어져 있었다. 두 개의 방이 붙어있었다. 나무를 때는 아궁이가 있는 부엌은 그을음에 그을려 음산했었다. 유리가 깨진 문짝과 창문은 떨어져 안팎이 구별되지 않았다. 마당 한쪽에는 수돗가가 따로 있었다. 동치미나 쟁였을 법한 통통한 독이 하나 옆구리가 깨진 채 수돗가에 버려져 있었다. 그 옆에는 노란 머리핀을 덕지덕지 붙인 국화가 피어 있었다. 나는 쓰러진 국화를 세워 나일론 끈으로 한데 묶어 놓았다.

어찌나 웃풍이 심한지 허허벌판에 나와 담요를 덮고 웅크린 거지 꼴이었다. 거울에 비친 내 몰골은 용서가 되지 않았다. 쪽문엔 창호지를 붙였는데 가을이 되면서 비닐을 구해와 쫄대를 대고 못질을 하였다. 바람의 거센 물살에 떠밀려 가는 두 평 남짓한 사각 콘크리트 구조물 안에 웅크리고 있었다. 어둠은 모든 걸 숯검정으로 만들어 놓았다. 담요를 뒤집어쓰고 편지를 쓰고는 하였다. 편지가 와야 우편배달부에게 편지를 부칠 수 있었다. 4벌식 타자기로 외부 세계와 무전 교신을 시도하고 있었다. 쥐들은 천장에서 단거리 경주에 열을 올리고 있었다. 쥐들의 입장에서 보면 내가 사는 움막은 물이 빠진 콘크리트 물수정으로 보일 것이었다. 쥐들은 눈이 작아 그만한 빛으로도 어둠 속을 볼 수 있는 것 같았다. 나는 쓸데없이 30촉이나 되는 빛을 낭비하고 있었다. 1촉이면 충분할 것 같아 촛불을 켜 놓고 자다 몇 번이나 불을 낼 뻔하였다. 태울 것이라고는 책과 옷가지 몇 벌, 담요 한 장이 전부였다. 방안이 바깥보다 훨씬 춥고 어두웠다.

모든 그림자가 길어진다
저녁에 벤치에 앉아 서로의
얼굴을 바라보고 있는 사람들은,
이 세상의 세월을 모두 앞에 옮겨놓고
있는 것

구길 수도 없고,
다시 펼 수도 없는 것
지나간 것

나에게는 아프지 않을 자신이 있는데

―당신의 얼굴에 물결들이 지나가고 있어요
그 물결들 밑에서 별들이 태어나고 있어요

세상의 모든 그림자가
노을과 함께 사라지고 있다

물결들이 사라지고 있다

―시, 「겨울에 지일에 갔다 10 ‑연못 앞 벤치」 전문

누렇게 변한 신문지를 마당에 깔고 누워 햇볕을 받았다. 내 몸은 충전 기능이 없었다. 그 열을 어디다 저장해 뒀다 사용할 수 없었다. 몸이 노곤하게 풀리고 있었다. 긴장을 놓고 맘껏 풀린 느낌을 밤까지 가져가고 싶었다. 땔감을 찾아 뒷산에 올라갔다. 삭정이를 주워 아궁이에 불을 지폈다. 그러나 냉골에 익숙한 구들장은 금세 식어버렸다. 언제나 내 차지는 냉방이었다. 타자기로 타이핑된 엘뤼아르의 시구절이 벽에 붙어 담배 연기에 찌든 테두리를 말고 있었다.

'세상이 나를 버렸을 때/ 나는 불을 만들었다.'

막다른 골목까지 가고자 했고 막다른 골목까지 갔으나 돌아보면 거긴 막다른 골목의 초입이었다. 참 대숲 아래로 시냇물이 흘렀다. 가랑잎이 들어찬 시내엔 물이 말라 있었다. 시내 건너엔 골짜기로 가는 오솔길이 있었다. 농사일하러 가는 동네 사람들이나 이용하는 길이었다. 그 길을 걸어 골짜기까지 간 적이 있었다. 동네 아이들이 진달래를 꺾어 들고 재잘거리며 내려오고 있었다. 아이들이 떠드는 소리는 주의를 기울여 듣지 않으면 하나도 알아들을 수 없었다. 아이들의 사투리는 무진장 빨랐다. 새가 한 마리 휙 스쳐 지나가는 느낌이었다. 아이들도 내 말을 알아듣지 못하긴 마찬가지였다. 아이들은 이상한 사람을 다 본다는 듯 고개를 갸우뚱거렸다. 아이들의 거무튀튀한 얼굴과 검게 빛나는 눈동자를 보면 안타까웠다. 나는 담배 연기를 날리며 골짜기로 올라가고 아이들은 진달래가 시들기 전에 집으로 돌아가 음료수병이나 주스 병, 커피 병에 꽂을 것이었다.

  할머니는 부엌 아궁이 앞에 앉아 부지깽이로 누진 솔가리를 들어 후후 불어 때고 있었다. 혼자 드실 밥인데 정성을 들여 화력을 조절하고 있었다. 흰둥이가 한 마리 부엌문 간에 가만히 앉아 탁탁 소리에 귀를 기울이고 있었다. 나는 불을 쬐고 있는 할머니를 부를 수 없었다. 누군가를 부르는 게 죄가 되기도 하였다.

CCTV 사각지대

●

 모래 성분이 많은 흙을 개 자갈을 섞어 쌓은 토담 밖 모과나무에서 단풍잎이 떨어졌다. 언덕의 급경사를 무시하고 자란 모과나무를 바라보는 건 꽃이 피었을 때와 열매가 익어 떨어지기 전까지가 대부분이었다. 그는 토담 안 소변 통에 팽창한 방광을 비우며 밖을 내다보는 척 딴청을 부렸다. 자신이 내다보면 아무 일도 없는 밖에서 별안간 무슨 일이라도 일어날 거라는 기대 섞인 표정, 자신이 내다보는데도 아무 일도 일어나지 않을 리 없다는 믿음 섞인 표정, 그는 모형 담배를 막대사탕처럼 굴려 물고 있었다. 방뇨하는 자신을 누가 알아챌까 딴청을 부리는 동안, 팔십몇 년간 천천히 바뀐 풍경이 현재에 멈추어 섰다. 헐거워진 게를 추스르기도 전에 몸이 떨려왔다.
 헛간 절구통에 놔둔 톱과 망치와 노루발장도리를 들고 밖으로 나왔다. 건재상에서 일하는 아들이 땔감 대용으로 실어 나르는 팔레트를 해체할 요량이었다. 지게를 지고 산으로 나무를 하러 다닐 때가 그래도 좋았다. 봄까지는 야산에 올라가 가을에서 겨울 사이 미리 베어놓은 나무를 거둬들였다. 그때만 해도 그런대로 괜찮았다. 나뭇짐을 지고 돌아오다 지게를 바쳐두고 피우던 한라산 담배 생각이 간절했다. 그때까지는 아니더라도 지난주 앞당겨 받은 생일상에서 딱 한 잔 마신 소주와 신 고래고기가 당겼다. 이렇게 정신없이 살다 어느 순간 찾아올 죽음이 두려웠다. 그때는, 조금 전으로 돌아가고 싶어 안달할지도 모른다. 이번 주말엔 자식들이 찾아올 일이 없었다. 주 5일 방문하는 돌봄 아줌마는 쉬는 날이고 옆집 동년배 김 씨는 서울로 검진받으러 가 내일이나 약을 타 내려올 것이다. 얼마 전까지만 해도 동네 점방까지 걸어가서 대포 몇 잔 걸치고 홍얼홍얼 오솔길을 걸어오기 좋은 날이었다. 하지만, 지금은 거기까지 갔다 올 자신이 없었다. 지난봄 대포를 얼큰하게 걸치고 밤길을 걸어오다 발을 헛디뎠다. 언덕에서 굴러 도랑으로 냅다 내동댕이쳐진 뒤로 간이 좁쌀만 해졌다. 온몸에 밤 가시가 박힌 것이 아직도 따끔거리고 돌과 나무 기둥에 부딪힌 곳이 욱신거렸다. 앞집 사는 정 씨가 주말마다 곧잘 내려오는데 웬일인지 오늘은 마당에 차가 안 보였다.

    팔레트에 올려놓은 도끼를 집어 들고 몇 번을 내리쳤다. 조각난 널빤지 흩어져 튀어 나갔다. 뭔가를 부술 때면 희열이 느껴졌다. 그래서 끝장을 볼 때까지 멈출 수 없었다. 가끔, 누군가가 형틀에 가둬 이곳에 유폐시킨 게 아닐까 의심하고는 했다. 혼자 살면서 그는 스스로 위리안치(圍籬安置)한 거라 여기고 위로로 삼았다. 이미 볼꼴 못 볼꼴 다 봤다 싶었는데 아직 못 본 게 더 남은 모양이었다. 얼마 안 되는 농토와 예금과 집이 앉은 땅과 임야를 차지하려는 세 자식 간의 신경전이 팽팽해졌다. 이럴 줄 알았음 진즉 마누라를 따라갈 걸 후회를 하고는 하였다. 마누라가 폐암으로 떠나고 서로의 집으로 오라는 자식들을 뿌리치고 촌집에 남았다.

어느 날 아들 둘이 직접 CCTV를 설치하고 돌아갔다. 새로 들인 벽걸이 TV 모니터에 8분할로 화면이 나뉘었다. 적외선 카메라는 모두 8개였다. 안방과 주방, 건넌방과 거실, 현관 앞, 대문 앞, 진입로, 그리고 화장실에 하나 설치했다. 그가 치매 초기 판정을 받은 직후였다. 자식들 눈치를 보듯 적외선 카메라를 의식하게 되었다. 참다못한 그는 화장실 카메라에 수건을 걸어두었다.

팔레트 더미에서 마대를 빼내 흩어진 널빤지를 주워 담았다. 도로 중앙에 죽은 지 한참 된 아름드리 밤나무가 있었다. 하천을 복개해 도로를 넓힐 때 콘크리트포장을 하게 되었는데, 그때부터 밤나무는 죽기 시작했다. 참으로 오래 버틴다 싶었는데 어느 해 늦봄부터 가지가 다 말라 잎이 나오지 않았다. 그래도 내년 봄에는 잎이 나올 것 같아 미련을 버리지 못했다. 그는 죽은 밤나무 뒤편 움푹 파인 구멍에 손을 넣어 비닐에 담긴 한라산 담배를 꺼내 물었다. 담배 연기를 폐부 깊이 빨아 마시고 한참 만에 코로 내뿜었다. 하루에 한 대 겨우 피우는 담배였다. 머리가 어질어질한 것이 대포를 몇 잔 마신 듯 알딸딸해졌다. 단풍잎이 지고 노랗게 익은

울퉁불퉁한 모과가 드러나 있었다.

  그의 기억은 점점 어려져 달 밝은 밤 소녀로 변신한 마누라 손잡고 과수원 길을 걸었다. 그가 핸드폰을 받지 않자 유선전화 벨이 최대로 울렸다. 그는 집 안으로 들어가 냉장고 문을 열고 마늘종 무침을 종지에 담았다. 지난주 정 씨가 마시라고 밤나무 구멍에 넣고 간 막걸리를 꺼내 물컹거리는 종이컵에 가득 따랐다. 그러고는 두 손으로 종이컵을 공손히 감싸 안고 마셨다.

  주물공장에서 불을 다루던 젊은 시절, 집을 장만하기까지 마누라는 오봉 밥상에 맨날 쉰 마늘종 무침을 올렸다. 그는 제대로 씹지도 못 하면서 마늘종 무침을 마누라를 닮은 딸을 시켜 만들어오도록 했다. 마늘종 무침을 손으로 집어 든 그는, 밤나무에 등을 대고 있었다. 실어중 환자처럼 입을 벌리고 적외선 카메라 눈이 되었다.

4부

혼자 산지 한참 되었다.
수많은 거처를 옮겨 다녔지만, 또 다른 거처를 물색해야 했다.
나를 떠난 적 없는 연민과 사무실 소파에서
원룸의 접이식 침대에서 승합차의 시트에서 잠을 청했다.
침낭 안에서 드라이기 전원을 조작하는 동안
사람들의 체온과 입김을 만날 수 있었다.
사람들의 숨결이 남아있는 공기로 호흡하고 있었다.

풀밭으로

전원주택으로 이사하면 조만간 만성 비염에서 해방되는 줄 알았다. 공기 좋은 곳에서 살다 보면 아토피가 사라지고 더러는 불치병을 고쳤다는 사람들 말을 믿었다. 아토피는 몰라도 불치병을 완치한 사람은 기적의 도움을 받은 경우였다. 공기가 제아무리 좋아도 나는 담배를 끊지 못하는 골초였고 일요일을 빼고는 밥벌이하러 서울에 가야 했다. 미사리를 지날 때면 예외 없이 송곳 두 개가 콧구멍을 찔렀고 머리는 콘크리트가 되고 말았다. 토요일이면 행락객들 행렬에 막혀 출퇴근 시간이 늘어났다. 토요일엔 막히는 길을 피해 조금 먼 길로 우회했지만 그곳 상황도 마찬가지였다. 2차선 길이 양방향으로 막혀 돌아 나올 수도 없었다. 급할 것도 없는데 조급한 마음에 음악도 들리지 않게 되었다.

간신히 남양주시 수동면으로 접어들었다. 텃밭에서 참깨 모종을 심는 할머니가 보였다. 해가 났다 비가 오는 변덕스러운 날씨였다. 아이를 품에 안은 할아버지가 텃밭이 보이는 원두막에 앉아 있었다. 아이와 할아버지와 할머니의 눈이 심기는 참깨 모종에서 참깨 모종으로 옮겨가고 있었다. 길게 구부러진 텃밭에 참깨 모종이 심기고 있었다. 여름날의 참깨꽃을 상상하는 동안 거북이걸음으로 차가 움직이고 있었다. 텃밭 둑에 한 무더기 토끼풀이 꽃을 피우고 있었다.

한동안 토끼풀이 꽃을 피우는 이맘때면 차 트렁크에 돗자리를 싣고 풀밭으로 놀러 가곤 했다. 수원시 외곽의 한 아파트단지를 돌아나가는데 햇빛이 새로 돋은 모과나무 잎사귀마다 매달렸다. 아파트 담벼락에 주차하고 조그만 풀밭에 돗자리를 깔았다. 가족 단위로 더위를 피해 나온 사람들이 모과나무 아래 앉아 담소를 나누고 있었다. 풀밭은 정리 정돈이 되어있지 않았다. 군데군데 망초꽃이 피어 있기도 하였다.

중학생쯤으로 보이는 여자아이 다섯이서, 아파트단지에서 풀밭으로 자전거를 타고 와 멈추었다. 아이들은 무성한 토끼풀 주위에 둘러앉아 돌연변이 풀잎을 찾으며 쉴 새 없이 종알거렸다.

모과나무 이파리 사이에서 갈라지는 햇살이 눈을 찔러, 눈을 질끈 감았다 떴다를 반복했다. 무슨 할 얘기가 저리도 많을까. 살아온 시간보다도 많은 걸 조잘거리는 여자아이들의 단발머리가 참 예뻐 보였다.

나는 그들의 세계 근처에도 가보지 못했고 그럴 엄두도 내지 못했다. 태양은 모과나무 이파리에서 몇 년의 거리를 두고 폭소를 터트렸다. 나는 태양의 높이를 짐작해보았다. 아이들의 목소리는 점차 멀어져 들리지 않았다. 네 잎 토끼풀잎을 찾기 위해 이동해 갔으리라. 화기를 동반한 바람이 몇 차례 불어갔고 풀밭 위로 자동차 소음이 전해졌다. 풀밭이 지진 위에 올려졌다.

나는 초등학교 시절로 돌아가 운동장 구석에 있는 회전틀에 갇혔다. 회전 틀을 돌리는 사람은 보이지 않았다. 어떻게든 어지럼증을 참아보려고 눈을 감았다. 완전히 깨어날 수 없는 마취 상태로 주위를 감지할 수밖에 없었다. 까마득히 먼 거리에서 바람이 불어오고 모르는 사람들 목소리가 들려오고. 나 혼자 안개에 갇혀 있는 느낌이었다.

얼마나 눈을 감고 있었는지 몰랐다. 나는 눈을 뜨고 아이들이 모여 있는 토끼풀 무더기 쪽을 바로 볼 수 있었다. 토끼풀은 무리를 지어 자라나 있었다. 풀밭에 무덤을 만들어 놓고 있었다. 아이들은 토끼풀꽃을 꺾어 반지와 시계와 팔찌를 엮고 있었다. 머뭇거리다, 금방 시들어버리는 의미를 만들고 있었다. 토끼풀 무덤이 잠깐 흔들리다 제자리를 찾았다. 돌아앉은 여자아이의 목소리가 들려왔다.

나는, 마음만 먹으면, 일곱 살 시절로 돌아갈 수 있어!

무턱대고 던진 아이의 말에 나는 감전되었다. 아이는 어떻게 자유자재로 원하는 시간을 오갈 수 있을까. 아이들이 떠난 자리에 꽃시계와 꽃반지와 꽃팔찌가 버려져 있었다. 장난삼아 만든 꽃시계와 꽃반지와 꽃팔찌가 시들어가고 있었다. 아이들이 떠난 뒤 풀밭은 허허벌판처럼 황량해졌다. 마음만 먹으면 돌아갈 수 있는 시절도 그럴 자신도 없는 나는, 토끼풀 무더기를 하얗게 수놓고 있는 꽃을 바라보았다.

　내일은 가까운 곳으로 소풍 갈 생각을 하였다. 그래, 오늘은 일찍 들어가 자고 아침에 일어나 풀밭으로 떠나자. 들뜬 마음으로 마트에 들어가 김밥 재료와 돗자리를 사 들고 트렁크를 열었는데 전에 소풍 갈 때 쓰려고 사둔 돗자리들이 보였다. 새벽에 잠드는 습관에 길들었다. 눈을 떠보면 해는 중천에 있고 이왕 이렇게 된 거 여기가 풀밭이라 여기고 놀러 나온 기분으로 한숨 더 자고 일어나면 되었다. 돗자리를 산 걸 까먹고 또 돗자리를 사 어깨에 둘러메고 풀밭으로 놀러 가는 한심한 상상만을 줄창 하였다.

소쩍새

●

 기나긴 장마에 돌보지 못한 마당은 풀밭이 돼 있었다. 날을 잡아 풀을 뽑아낼 생각만 하다, 어느새 엄두를 못 낼 정도로 풀이 자라 마당을 뒤덮고 있었다. 묵정밭인지 공터인지 분간이 안 가는 마당으로 들어서는데 풀냄새가 진동했다. 장마가 오기 전에도 이웃집 형님이 예초기로 풀을 베어준 적이 있었다. 접이식 의자를 내와 마당에 펴고 늘어져 앉았다. 잣나무 숲에서 소쩍새가 울었다.
 수십 년째 잊고 지낸 그녀가 떠올랐다. 정처 없이 마을 주변을 떠돌던 그녀는 얼굴이 까맸다. 머리에 보따리를 이고 등에는 포대기에 싼 베개 크기의 뭔가를 업고 다녔다. 보따리를 끌러보거나 포대기에 싼 등 뒤의 보물을 확인한 사람은 아무도 없었다. 그녀는 뭐가 그리 즐거운지 길옆 풀밭에서 잠을 잘 때도 웃었다. 하지만 누가 보따리와 등에 진 보물단지를 확인하려고 할 땐 경우가 달랐다. 그녀는 장정 몇 명이 달려들어도 거뜬히 그들을 물리쳤다. 사람에게는 들키고 싶지 않은 비밀이 있게 마련이었다.

그녀는 산에서 자고 내려와 동네를 배회했다. 나는 그녀를 마을에서보다 산에서 자주 보았다. 투구봉 자락 돌밭 근처 잔솔밭 아래에 그녀의 거처가 있었다. 주변의 돌을 사용해 침대 크기로 만든 방과 그 옆에 돌을 둘러 만든 변소가 있었다. 그녀는 돌베개를 베고 누워 있거나 두 무릎을 팔로 둘러 손깍지를 낀 채로 돌밭을 망연히 바라보았다. 그런 그녀 주위엔 토종 꽃이 몇 종류 피어 있곤 했는데, 그 꽃들이 이리저리 그녀의 표정을 살피는 것 같았다. 흔들림도 없이 움직임도 없이 웃고만 있는 그녀와 꽃들은 잘 어울리는 족속이었다.

그녀는 한겨울에도 산에서 살았다. 비가 오거나 눈이 와도 그녀는, 어떤 기막힌 기억을 더듬느라 그곳을 떠나지 못했다. 밤이나 도토리, 정금, 보리수, 칡, 도라지, 잔대, 가재, 머루, 다래, 솔잎을 주워 먹거나 캐 먹거나 뜯어먹거나 잡아먹거나 하면서, 그녀는 산에서 살았다. 그녀는 웃음을 잃지 않기 위해 산에서 거의 내려오지 않았다.

가을걷이를 끝낸 무렵이었다. 하늘엔 먹구름들이 어디론가 급히 몰려가기 바빴고 그 속도로 바람이 숨차게 불어가고 있었다. 우리는 나락을 말린 후 널따란 묘지 앞에 돌로 눌러 논 검은 비닐 포장 모서리를 잡고, 새끼줄을 포장과 몸에 묶고 야산으로 올라갔다. 하나 둘 셋을 외치고 발을 구르기만 하면 어딘가로 날아갈 수 있었다. 자, 하나, 둘, 셋! 그러나 우리들 누구도 발을 구르지 못했다. 그녀가 들판 한가운데 우뚝 선 아름드리 소나무 아래서 우리를 지켜보고 있었기 때문이다.

언제나 그녀의 얼굴에 엷게 흐르던 웃음은 사라지고 없었다.

그녀의 이름을 아는 사람은 없었다. 그녀의 이름을 밝혀낼 방법도 없었다. 누가 처음 그렇게 불렀는지 몰라도, 그녀의 이름은 '똥산이'였다. 그저 산에서 먹고 똥을 싼다고 붙여진 이름이었다. 그러나 그녀 앞에서 그렇게 부르는 사람은 없었다. 그녀가 보이지 않을 때, 그녀가 산에 있을 때 그렇게들 부르고 있었다.

언젠가 학교에서 돌아오는 신작로에서 그녀와 마주쳤다. 그녀는 허리를 약간 굽히고 포대기 뒤로 팔을 돌려 손깍지를 끼고 있었다. 우는 아이를 달래듯 포대기 속 베개 크기의 뭔가를 흔들어 주고 있었다.

"이기, 아가, 울시 마라."

그녀가 무심코 흘리고 지나간 말이었다. 그녀에게 갓난아기가 있었다. 그녀는 웃을 줄밖에 몰라 시집에서 버림받고 떠돌았다. 그녀는 항시 포대기에 아기를 업고 다녔기에 웃을 수 있었다. 그러나 제정신이 돌아왔을 때, 그녀는 배신감과 자책감에 휩싸여 고통에 찬 얼굴로 변했다. 그럴 때마다, 그녀의 얼굴은 무섭도록 서러웠다.

소쩍새가 울고 있었다. 앞산 뒷산에서 번갈아 가며 소쩍새가 울고 있었다. 그녀가 깨어나 포대기 속 아기를 어르고 달래듯, 앞산에서 뒷산에서 소쩍새가 밤을 지새워 울었다.

목이 메는 느낌

●

아름다운 것을 보면 언제나 쓸쓸한 마음이 된다.

—카프카

*

비 그친 금요일 정오쯤이었다. 세 시간짜리 강의를 마치고 담배를 피우기 위해 강의동 옥상에 올랐다. 울타리 밖 곁가지가 많은 미루나무가 휘청거렸다. 재질이 물러 이쑤시개로나 쓰임이 있는 나무였다. 곁가지들은 나무의 눈금이고 바람의 범람은 밑동까지 영향을 주지 못했다. 일주일에 한번 새벽에 일어나 중앙선 열차를 타고 달려오면 9시에 시작되는 강의 시간을 맞추기 빠듯했다. 안개가 스며든 몸은 무거웠고 머리는 몽롱한 상태였다.

샛강이 내려다보이는 마을이 있었다. 비옷을 입은 아주머니 한

분이 고무대야를 이고 오솔길을 걸었다. 발바리 개 뒤를 따르는 털북숭이 강아지들 걸음이 위태로워 보였다. 어미만 없으면 당장은 발바리임을 들키지 않을 강아지들 어미 개 뒤를 따라 걸었다. 샛강 어딘가에서 빨래를 치대고 헹구는 소리가 들렸다. 나도 말라비틀어진 비누라도 들고 샛강으로 걸어가고 싶었다. 거울을 보지 않은 궁상맞은 얼굴이 궁금한 것은 아니었지만 열차 의자에 여기저기 눌렸지 싶은 근질거리는 머리를 감고 싶었다. 눌린 머리를 대놓고 타박하는 학생은 없었지만, 스산해진 마음이 미루나무 곁을 맴돌았다.

어느새 아주머니는 야산 밑 길쭉한 밭에 고무대야를 내려놓고 고구마 순을 놓고 있었다. 얇은 비옷이 펄럭이고 밥 사달라는 학생들 문자 알림 몇 통이 울렸다. 오늘 점심엔 연한 고구마 줄기 무침을 반찬으로 내놓는 식당이 없을까. 장마 이후 이끼가 낀 처마 밑 토방에 사료 부대를 깔고 앉아 고구마 줄기 껍질을 벗기는 어머니가 떠올랐다. ○○○여사님 팔순 기념 머릿수건을 쓴 어머니의 거친 손 마디는 굵었다. 미루나무가 개천에 범람하는 물소리를 내었다. 굽이치며 쫓겨나는 황토물을 바라보는 아버지도 떠올랐다. 옆에 삽을 세워두고 줄담배를 피웠다. 머리를 짧게 깎고 깨끗한 신발만 신어도 빛이 난다는 어머니 말을 반만 따랐다. 아버지는 항상 짧은 머리였으나 부스스했고 구두는 잘 닦여 있었으나 신을 일이 많지 않았다. 아버지는 흙이 덕지덕지 묻은 운동화나 장화, 양말을 신고 살았다. 옥상 난간에 담배를 비벼 끄고 4층 화장실로 향했다. 짧지 않은 머리에 물 발라 손가락으로 빗어 넘기고 물을 적신 휴지로 구두를 닦았다. 예전 모습이 얼마간 남은 내가 거울 저편에서 웃었다. 빵은 맛있는데 뜯어먹고 나면 꼭 목이 멘다는 그녀의 목소리가 들렸다. 새벽에 후다닥 구워 먹고 나오는 토스트도 오전 내내 목을 메이게 하였다. 역류성 식도염 증상을 달고 산 지 제법 되었다.

*

토요일 강의를 마치고 건물 밖으로 나왔다. 부슬비가 내리고 있었다. 우산을 준비한 사람들 걸음은 느긋해지는데 우산이 없는 사람들은 우산 사이를 비집고 지하철역으로 잰걸음을 걸었다. 토요일 오후 청평 집으로 가는 길은 미어터졌다. 고속도로를 빠져나온 뒤에도 혼잡은 계속되었다. 얼마간 돌더라도 시간을 단축할 길은 없었다. 내비게이션 실시간 교통정보를 이용하는 사람이 대부분이었다. 토요일에 기어들어 갔다 일요일에 몰려나오는 사람들 때문에 주말의 한쪽 차선은 붉은 후미등(後尾燈) 행렬이 되고 만다. 부처님 오신 날 산사에 오르는 길이라 생각하기도 하지만 오래 가지 않아 인내심이 바닥난다. 나만 아는 지름길이 없기에 음악을 틀어놓고 커피를 아껴 마시고 담배를 피우는 것이 지금 할 수 있는 일의 전부다. 나는 익숙한 풍경을 느리게 보는 고문을 피해 갈 궁리를 하였다. 화도 요금소를 빠져나와 춘천 방향으로 가는 진로를 바꿔 마석 읍내로 접어들었다. 집을 구하러 몇 번 가본 남양주시 수동면이 떠올랐기 때문이다. 인터넷 검색을 한 후 몇 군데 점 찍어놓은 집을 보러 양평 남양주 가평 광주 파주 등지를 뒤지고 다녔다. 크지 않은 외딴집이면 족했다. 대부분이 전원주택 단지에 들어선 집이었다. 전원으로 나온 보람도 없이 다닥다닥 지어진 집에서 사는 건 답답한 일이었다. 공기가 좀 맑고 산과 들을 볼 수 있는 걸 지우면 공기청정기를 틀어놓고 풍경 사진 몇 점 걸어둔 도시 생활과 별반 다를 게 없어 보였다. 시간은 좀 걸리더라도 소란을 피해 숨어들고 싶었다. 그리하여 '아침고요수목원' 초입 골짜기에 숨어들기 좋은 집을 골라잡았다. 첫눈에 봐도 날림으로 지어진 집이라는 걸 알 수 있었지만, 사철나무 울타리가 있고 잔디를 깔면 물 빠짐이 좋을 경사진 마당이 있었다. 이곳이라면 누구에게도 훼방 받지 않고 새벽을 온전히 나만의 시간으로 사용할 수 있으리란 확신이 들었다. 이장 집 마당을 지나 협소한 길로 접어들면 산뽕나무가 늘어진 단출한 집의 초입이었다. 핸드폰 전원을 끄고 현관문을 열면 2층으로 통하는 목재계단이 나왔다. 북한강으로 흘러가는 샛강에서 피어오른 물안개가 '아침고요수목원'이 자리 잡은 축령산 7부 능선까지 기어 올라가 있었다. 정태춘의 「북한강에서」를 불러보았다. 80년대 초반 사근동 판자촌 언덕길을 올랐다. 그곳의 레코드 가게에서 산 정태춘 박은옥 노래 테이프를 늘어지도록 들었다. 텃밭 귀퉁이에 늙수그레한 대추나무가 있었다. 그 밑에 예전에 이 고랑 사람들이 먹은 우물이 있었다. 열여섯에 시집와 그 우물을 예순 몇 해 먹고 산 할머니가 살았다. 내가 시집왔을 때도 저만은 했으니 백 년은 훌쩍 넘었겠지. 내가 올해 아흔 셋이니까. 5월이 되어 대추나무에 새순이 돋아나 자잘한 연둣빛이었다. 내심 죽었으면 어쩌나 걱정했는데 대추나무꽃은 더 늦은 6월이나 되어 피었다. 늦었다고 걱정할 게 하나도 없었다. 자신이 하던 대로 하면 되는 것이었다. 내 코스는 나밖에 달릴 수 없는 거니까. 옆을 봐도 뒤를 봐도 괜찮았다. 돗자리를 깔고 좀 쉬어가면 집이 사라질 리 없었다. 오늘 밤이나 내일 새벽에 도착해도 되는데 조바심에 사로잡혀 안달을 부렸다. 일찍 들어가야 딱히 할 일이 있는 것도 아니었다. 수동의 계곡은 수량이 많아 피서철이 되면 행락객이 몰렸다. 도롯가에 주차한 차들 때문에 통행이 지체되었다. 지난여름 서울에 가려다 길에 갇힌 기억이 떠올랐다. 한쪽 차선을 차지하고 주차된 차들이 통행을 방해하였다. 돌아갈 수도 없고 계속 직진하자니 막막했다. 휴게소도 없는 지방도로에 갇힌 것이었다. 걸어가는 편이 빠를 것 같지만 실은 그렇지만도 않았다. 산모롱이만 돌아가면 정체가 풀릴 것 같았고 익숙지 않은 길의 풍경을 보는 재미가 쏠쏠했다. 2층 슬래브집 앞 길쭉한 밭에서 고구마 순을 놓은 할머니가 보였다. 포대기에 갓난아이를 업은 젊은 아낙이 우산을 받쳐 들고 있었다. 친정엄마이지 싶은 할머니를 따라다니며 이야기를 나누는 젊은 아낙의 등에 업힌 아이가 손을 쥐락펴락하였다. 주말을 맞아 친정 나들이를 온 모양이었다. 젊은 부부가 타고 온 소형 SUV 차량이 마당에 주차돼 있었다. 차량 뒷면 유리에 '아이가 타고 있어요.' 흰색 스티커가 붙어 있었다. 여전히 부슬비가 내리고 있었다. 개천 쪽에 공터가 있어 차를 세우고 고구마 순을 놓는 풍경을 바라볼 수 있었다.

내 아이들은 어느새 다 컸고 찾아갈 처가도 남지 않았다. 이혼해 달라는 말을 입에 달고 사는 아이들 엄마와 한참 전에 협의이혼을 하였다. 조종 기간 안에 구청에 서류를 접수하지 않기를 바랐지만, 내 바람은 보기 좋게 빗나갔다. 잘해준 적이 별로 없어 웃게 해줄 일을 같이 만들고 싶었지만, 물 건너갔다. 전 재산인 한옥을 넘겨주고 옷가지를 챙겨 나와 원룸을 전전했다. 그 옛날의 내가 되어 고구마 순을 놓는 풍경을 바라보았다. 그 시절로 돌아갈 의지도, 그 시절을 달리 살아볼 용기도, 내게는 이미 남아 있지 않았다. 그래서 혼자 있을 때 가끔 울고 싶고, 나도 모르는 새 흐르는 눈물을 그냥 냅두게 되었다.

알루미늄 재질의 삼태기에 고구마 순을 담아오는 아이의 아버지가 보였다. 혼자 사는 움막으로 가는 나는 무언가를 절판 내지 못해 안달하는 사람에 지나지 않았다. 아이들이 다 클 동안 나는 끊임없이 도망자 신세였다. 고구마 순을 한 단 사 들고 들어가 텃밭에 두둑을 만들어 심고 싶은 충동이 일었다.

어느 만추의 저녁 장작 난로를 피워 고구마를 굽고 싶고 책상에 군고구마를 올려두고 비스듬한 햇살을 보면서 먹먹해 한 시간을 위로받고 싶었다. 불현듯 목이 메는 느낌 끝이 없는 짧은 시 한 편 옮겨적고 싶었다.

하루의 길이

●

 봄날부터 차일피일 미루던 일을 기어이 끝을 보았다. 별것도 아닌데 계속 미루다 가을이 깊어 겨우 짐을 덜 수 있었다. 아침 일찍 눈이 떠져 커튼을 걷고 건축을 틀었다. 잠이 덜 깬 채 밖에 나가 코스모스를 바라보았다. 인디언 음악에 맞춰 이슬을 머금은 코스모스들 춤을 추고 있었다. 마당을 서성이다 마루 밑에 처박아 둔 방부목 널빤지를 보았다.
 마당 귀퉁이에는 잎이 무성한 산뽕나무 한 그루가 있었다. 새로 나온 잎이 연둣빛일 때 사각 탁자를 만들어 그늘에 놓자고 나와 약속했었다. 낮은 산이 감싸 안은 이곳 골짜기 안 지형을 감안하여 탁자를 만들고 네 개의 벤치를 배치해 사면의 풍경을 감상할 수 있도록 할 참이었다.
 창고에 들러 줄자와 손톱을 찾아들고 승용차 시동을 걸었다. 지난봄에 메모해 둔 탁자와 벤치의 길이와 넓이, 다리의 길이가 적힌 종이는 차 수납함에 그대로 있었다. 건재상에 가서 방부목을 절단해 싣고 돌아왔다. 토스트를 만들어 아침을 때우고 작업을 시작했다. 대단한 목수라도 된 듯 신이 났다. 목에 건 수건으로 땀을 닦아내며 해를 바라보았다.

어린 시절 부모님은 날이 밝기 무섭게 밖으로 나가면서 이불을 개 장롱에 쑤셔 넣었다. 바가지에 찬물을 떠와 손을 적셔 얼굴에 튕겨뿌리고 그래도 안 일어나면 옷을 들치고 가슴에도 뿌렸다. 날이 새는 시간에 일어나지 않을 재간이 없었다. 온종일 집에서 노는 날은 시간이 더 더뎠다. 한참을 놀다 올려다봐도 해는 제자리 걸음이었다.

뭔가에 홀려 정신없이 살았던 것일까. 그동안 해가 어디서 떠서 어디로 지는지도 모르고 살았다. 탁자와 벤치를 만들면서 오랜만에 얼굴을 찡그리고 해를 보았다. 해는 급한 마음을 따라 빠른 걸음걸이였다. 기껏 탁자를 만들어 다리와 테두리에 연둣빛 수성페인트를 칠했는데 해가 기울기 시작했다. 쉬지 않고 전동드라이버를 돌려 나사못을 박았다. 일을 끝내기도 전에 해가 질까 봐 조급해졌다. 서두르면 서두를수록 실수를 연발하게 마련이었다. 잘못박은 나사못을 뺄 때는 마음이 더 급해 허둥거리게 되었다.

탁자에는 연둣빛 수성페인트를, 벤치에는 오일스테인을 칠하는 걸 미뤄두었다. 오늘 당장 차를 마시고 책을 읽고 글을 쓰기 위해서였다. 터를 고르고 탁자와 벤치를 옮겨 자리를 잡았다. 매미 울음소리와 농로 건너편에서 알밤 떨어지는 소리가 들렸다. 아직도 연둣빛인 대추 알들이 가을 햇살을 받아 고운 빛이 났다. 대추나무를 감고 올라간 하눌타리 열매들이 대롱거렸다. 더위가 언제 물러갈까 싶었는데 다음 주면 추석이었다.

 몇 해 전 추석 저녁이었다. 어머니와 나는 슬래브집 옥상에 나란히 앉았다. 어머니는 아래채 40년이 지난 미국산 함석지붕 위로 오른 측백나무 벼슬을 바라보면서 입을 열었다. 어머니의 눈시울에는 붉은 페인트칠 달빛이 들어앉아 있었다. 새벽에 일어나 돌아다니다 보면 아침 먹을 때가 되고, 들일 나갔다 들어와 점심 챙겨 먹고 낮잠 한숨 자고 담뱃잎 따다 엮어 하우스에 널면 금방 저녁 먹을 때가 되지. 마루에 전깃불 밝히면 언제 들어왔는지 제비 한 쌍이 지들 둥지 똥 받침대 대못에 앉아 저녁 먹는 걸 구경하지 뭐냐. 저 낭구들은 다 지켜봤을 겨. 별것 있남. 금방 지나가는 겨. 저녁 먹으면 텔레비 틀어놓고 다리 뻗고 잠들어야 하는 겨. 어제가 모두 전생 같은 겨. 한참 말을 끊고 숨 고르기를 하던 어머니가 내 등을 두드리며 말을 이었다. 아무리 힘들어도 잠깐 지나가는 겨. 싸우지들 말고 살어. 그게 최고여. 어머니는 딴전을 피우는 내 얼굴을 보며 마지막으로 쐐기를 박듯 말했다. 똥독도 항상 다독거려야 한다. 다독거리지 못하면 휘젓지나 마라. 휘저으면 내게만 냄새 난다는 것만 알고 살면 되는 겨.

 툭 툭 밤알이 떨어지고 밤송이가 농로를 굴렀다. "해가 다 갔다." 어머니가 일을 마치고 집에 돌아와 바가지에 쌀을 씻으며 혼잣소리를 하였다. 현관문을 나서자 이슬 맺힌 거미줄에 엷은 볕이 머물렀다. 아래 사랑방 아궁이에 불을 지핀 아버지 얼굴에도 붉은 빛이 일렁거렸다.

갈증

●

 늙은 대추나무 아래 개집을 만들었다. 아비는 풍산개고 어미는 진돗개인 강아지들에게 목사리를 채우고 싶지 않아 텃밭에 울타리를 둘렀다. 목책(木柵)을 만들기 위해 벌목한 산에 올라가 지게로 나뭇가지를 져 날랐다. 하루면 끝날 줄 알았는데 꼬박 이틀이 걸렸다. 안 쓰는 스테인리스 그릇 두 개를 꺼내 밥그릇과 물그릇으로 내놓았다. 잠시도 가만히 있지 못하는 녀석들은 밥그릇 물그릇을 엎거나 밟고 다녔다. 주둥이와 발로 바닥의 흙을 파헤쳐 물그릇에 흙이 들어갔다. 하는 수 없이 꼭지가 달린 물병을 철망에 달아주었다. 혓바닥으로 물을 핥아먹는 녀석들을 보면서 어미의 젖꼭지를 떠올렸다. 녀석들은 물을 핥아먹다가 쇠로 된 물병 꼭지를 깨물어 비틀곤 했다. 낑낑거리며 울타리 안을 돌아다니는 녀석들이 안쓰러워 마당에 내놓았다. 신이 나 뛰어다니던 녀석들은 생각난 듯이 물병 주위를 맴돌았다. 낑낑거리며 물병 꼭지를 빨기 위해 철망 사이에 발을 집어넣거나 주둥이를 갖다 대고 비벼댔다.

10여 년 전 서울 외곽 도시에 살 때 진돗개 한 쌍을 키운 적이 있었다. 지인의 셋방에 껴 살 때의 일이었다. 대문 안에 개집 두 개를 만들고 줄이 엉키지 않게 묶어 놓았다. 콘크리트 바닥의 배설물은 머리를 지끈거리게 했다. 수돗물 호스를 틀어 청소했지만 밖에 나갔다 오면 똑같아졌다. 녀석들은 유난히 경쟁심이 강했다. 특히 먹는 것 앞에서는 악바리였다. 녀석들의 경계에 밥그릇을 놓고 사료를 주었는데 서로 많이 먹겠다고 으르렁거렸다. 밥그릇을 엎는 건 예사였고 상대방의 영역으로 떨어진 사료를 한 알이라도 더 먹으려고 발로 갈퀴질해댔다. 사료만 먹는 녀석들이 불쌍해 식당에서 살이 조금 남은 뼈를 얻어다 주었다. 그때마다 녀석들은 서로 많이 먹으려고 웬만한 뼈는 통째로 집어삼켰다. 처음에는 탈이 날까 걱정했는데 딴딴한 똥을 보니 안심이 되었다.

약수터로 산책하러 나갈 때면 녀석들을 데리고 나갔다. 얼마나 힘이 좋은지 양쪽으로 들입다 뛰는 녀석들을 잡다 보면 기진맥진해졌다. 줄을 놓치기라도 하는 날이면 녀석들을 쫓아다니느라 초주검이 되었다. 하루는 암컷의 줄을 놓쳤는데 도저히 따라잡을 재간이 없었다. 하는 수 없이 집에 돌아와 녀석을 기다렸다. 저녁이 되어 돌아온 녀석은 발바닥에 유리 조각이 박혀 절뚝거렸다. 피를 많이 흘려 동물병원에 가서 치료받고 돌아왔다. 사료를 퍼주자 녀석은 언제 아팠냐는 듯 먹는 것에 집중했다.

며칠 집을 비울 일이 생겨 옆 박스공장 사장님께 개 사료를 부탁했다. 아침저녁으로 한 바가지씩 사료를 퍼주면 되는 일이었다. 늦은 저녁에 돌아와 개밥그릇을 보고 의아해졌다. 웬일인지 개밥그릇에는 사료가 가득하였다. 녀석들은 어디가 아픈지 눈이 충혈되어 있었고 잔뜩 토라져 눈도 마주치려 하지 않았다. 우리는 걱정이 되어 개의 눈을 까보고 홀쭉한 몸에서 열이 나는지 손을 짚어보았다. 녀석들은 땡볕의 열기가 남은 지저분한 콘크리트 바닥에 누워 숨을 할딱거렸다. 지인이 바닥 청소를 하려고 수돗물을 틀자 녀석들은 동시에 벌떡 일어났다. 몇 번이나 물그릇을 비운 녀석들은 비로소 밥그릇의 사료를 폭풍 흡입하기 시작했다. 박스공장 사장이 며칠 동안 물을 주지 않은 것이었다.

가게를 정리한 지인이 산에서 살기 위해 떠나는 아침이었다. 1t 트럭에 단출한 살림살이와 개집을 실었다. 자기 집 안에서 낑낑거리는 녀석들이 입김을 내뿜었다. 트럭이 골목을 벗어나고 녀석들이 짖는 소리가 길게 이어졌다.

온종일 콘크리트 바닥에서 뒹굴던 녀석들이 느낀 허기를 느꼈다. 언제나 속이 텅 빈 느낌이었다. 폭음한 새벽에 일어나 물을 아무리 마셔도 원초적인 갈증은 풀리지 않았다.

지인이 이사 간 산으로 사람들과 찾아갔다. 평상에 둘러앉아 밥을 먹고 물그릇을 찾았다. 잽싸게 물가로 간 지인이 스테인리스 그릇에 물을 떠 왔다. 시원한 물을 들이켠 다음 어디선가 많이 본 듯한 그릇을 확인했다. 테두리에 이빨 자국이 촘촘히 박혀 있고 바닥이 사정없이 긁혀 있었다.

무턱대고 갈대로 뒤덮인 산을 오른 적이 있었다. 호기 좋게 시작한 등산은 정상이 가까워질수록 힘에 부쳐 갈등이 찾아왔다. 그만 내려갈까, 여기까지 왔는데 기필코 정상을 봐야지. 해는 저물고 정상까지의 거리는 가늠이 되지 않았다. 하산하는 사람들에게 물어볼 수도 없는 노릇이었다. 기진맥진해 금방이라도 바닥에 드러눕고 싶은 심정이었다. 하늘이 빙빙 돌고 있었다. 이렇게 진을 빼다간 조만간 탈진해 쓰러질 것 같았다. 하는 수 없이 하산하는 동년배로 보이는 남자에게 생수를 부탁했다. 그는 안타까운 표정으로 배낭을 끌러 생수를 내주었다. 천천히 마셔요. 그는 내 등을 두드려주고 부축해 돌에 앉혔다. 서서히 어지럼증이 걷히고 그제야 저물어가는 산 아래 풍경이 들어왔다. 구두를 신고 가파른 산에 오른 나에게 그는 어쩔 거냐고 넌지시 물어왔다. 조금 더 가면 정상이에요. 내가 여기서 기다릴 테니 천천히 올라갔다 오시겠어요. 그는 내 반응이 궁금하지 않은 표정이었다. 부축해 내려가지 않으면 안 될 상태였기 때문이다. 하지만 나는 정상까지 가는 쪽을 택했다. 날이 저물어가고 언뜻언뜻 보이는 정상의 억새꽃은 눈부셨다. 나를 기다려준 그는, 오이를 반으로 잘라 내밀었다.

토란

●

 땅이 얼기 전에 토란을 캤다. 화단에도 텃밭 테두리에도 울타리 아래에도 토란을 심었다. 복합비료를 뿌려주면 번성한다는 말을 들었다. 자잘한 토란 구근 한 됫박을 종묘상에서 들여올 때 잎에 떨어지는 빗소리만을 원했다. 햇빛과 바람과 빗물이 토란을 키우는 동안, 나는 지켜보기만 할 뿐 어떤 간섭도 하지 않았다. 내년에 심을 구근을 염두에 둔 적도 없고 줄기와 국을 탐하지도 않았다. 토란 옆에 벤치를 갖다 놓고 토란에 대한 시를 쓰기 위해 시도한 적도 없었다. 장맛비 들이치는 방부목 데크에 의자를 놓고 잎을 바라본 것이 전부였다.
 기온이 영하로 떨어진 아침나절 데크에 널어놓은 토란 구근을 종이상자에 수습해 방으로 들였다. 족히 한 말은 되고도 남을 토란 구근이 담긴 상자에 무릎담요를 덮었다. 겨우내 쭈글쭈글 마르면서 새싹을 준비할 토란 구근들을 생각했다. 봄날 땅에 묻혀 탱탱해지면서 새순을 내밀 토란 구근들을 위해 내가 할 일이라고는 얼지 않게 보관하는 것뿐이다. 웃풍 심한 방은 통풍에 더없이 좋을 것이다.

 혼자 산지 한참 되었다. 수많은 거처를 옮겨 다녔지만, 또 다른 거처를 물색해야 했다. 나를 떠난 적 없는 연민과 사무실 소파에서 원룸의 접이식 침대에서 승합차의 시트에서 잠을 청했다. 침낭 안에서 드라이기 전원을 조작하는 동안 사람들의 체온과 입김을 만날 수 있었다. 사람들의 숨결이 남아있는 공기로 호흡하고 있었다.

고야*

셋째 동생에게서 문자가 와 있었다. 회사 직원 30%가 코로나 (오미크론) 확진 판정을 받아 이번 아버지 생일에는 못 간다는 내용이었다. 옆 건물을 사용하는 협력사 직원과 식당을 같이 사용하는데 그쪽 직원들도 확진자가 나오는 상황이라 긴장을 풀지 못한다 하였다. 설에도 잠깐 들린 동생은 마스크를 벗지 못했다. 내가 가족한테 옮길 수도 있고 여기서 옮아가 회사 동료한테 옮길 수 있어 조심하는 거라고 하였다.

아버지는 당뇨와 진폐증을 달고 살았다. 심야 전기보일러가 가동되는 위채를 사용하는 대신 아궁이가 있는 사랑채에 군불을 때고 그곳에서 지내고 있었다. 기저질환이 있는 아버지는 명절에 자식들이 내려오는 것을 만류하였다. 그런데 큰아들인 나만큼은 내려와서 대신 차례를 지내주기를 바랐다. 고향에 갈 일이 생기면 2주일 전에 코로나 검사를 받고 그동안은 사람을 만나더라도 마스

* 토종 자두.

크를 벗지 않았다. 코로나에 걸리면 아버지는 위중증이 되기 때문이다. 지난 설에는 자가진단 키트를 구입해 검사하고 고향 집으로 출발했다.

남동생이 먼저 내려와 차례 준비를 돕고 있었다. 단출해진 차례를 지내고 할아버지 할머니 합장한 산소에 올라가 성묘하였다. 시멘트 담장 안에 고야나무 실루엣이 보였다. 구옥을 헐고 붉은 벽돌집을 지은 지 30년이 되었다. 뒤곁의 석축 틈에 졸(부추)이 있었다. 돌계단을 오르면 장독대가 자리 잡았고 그 위에 고야 세 그루가 나란히 서 있었다. 할아버지와 할머니가 살아있을 때의 이야기다.

나이가 들면 잔소리가 는다고 하였다. 사사건건 간섭하려 든다고 하였다. 전지가위와 접이식 손톱을 들고 유튜브에서 반복해 보고 배운 전지를 하고 있는네 어머니가 곁에 와 계셨다. 아버지의 잔소리가 얼마나 심한지 어머니는 손사래까지 치고 있었다. 종일 말 한마디 꺼내지 않던 사람이 점점 말이 많아졌지 뭐냐. 자신에게 할 얘기를 이미 다 해서 이제 할 얘기가 남지 않은 모양이다. 어머니는 아버지 잔소리를 피해 밥 먹고 치우고는 마실을 가고 물때가 좋으면 바다에 가서 굴을 쫀다고 하였다. 예전 같으면 어디 갔는지 찾으러 다닐 것인데 이제는 그러지는 않는다고 하였다. 종일 TV를 틀어놓고 여기저기 뉴스 채널을 돌려보는 통에 곁에 붙어있기 힘들어했다. 어머니가 전지한 고야를 올려다보며 입을 열었다. 이 낭구가 이사 올 때부터 손목만은 했었지. 그동안 잘 따먹고 살았지 뭐냐. 꽃 피면 일하다 말고 멀거니 바라본 게 벌써 50년은 지났지. 벌떼가 달라붙어 꿀을 빼간 지 오래됐지. 대충 전지를 끝내고 나무에서 내려오자 어머니는 삼태미(삼태기)를 들고 와 나뭇가지를 주워 담았다. 불쏘시개로 쓰기 위함이었다. 잠시도 쉬지 않는 어머니였다.

경북 안동의 오지 마을에 작업실을 마련한 지 어느새 4년째가 되었다. 온돌방 창문으로 내다보기 좋은 자리에 야산 밑의 고야를 한 그루 옮겨 심었다. 구옥을 구입해 수리를 끝낸 뒤 야산의 칡과 등나무가 감아올린 고야의 분을 떠 안전한 곳으로 옮긴 것이었다. 어떤 이는 꽃만을 보기를 원하고 어떤 이는 열매만을 원할 것이다. 더러는 꽃과 열매 둘 다를 원하는 이도 있을 것이다.

눕힌 상태로 뿌리가 잘린 만큼 가지를 전지한 고야를 돋은 흙에 올리고 굵은 모래를 부리고 흙을 다져 덮었다. 흙을 다져 틈을 없애야 뿌리가 안착한다고 하였다. 고야 주위 흙을 다지기 전에 쇠파이프 세 개를 잘라 심고 호스를 끌어다 물을 주었다. 물주기를 반복할수록 흙은 다져지고 고야는 자세를 잡아갔다. 세 개의 지주를 세우고 널빤지로 새집까지 만들어 걸었다.

내가 태어난 옛집 우물 위 둔덕에 늘어선 고야들이 떠올랐다. 꽃은 보지 못하였는지 아주 기억에 없고 풋열매와 완숙의 열매만 남아 있었다. 여섯 살에 이사한 집 뒤뜰에도 고야가 세 그루 있었다. 나는 그곳의 고야에게서도 꽃을 본 기억이 별로 없었다. 고야는 늘 그곳에 있었는데 나는 열매만을 기억하고 있었다. 신맛의

보고 보랏빛 완숙의 열매에 이빨 자국을 내고, 눈을 감고 얼굴을 찌푸린 순간만이 온전히 남아있었다.

 몇 안 되는 열매를 하루에 몇 번씩 확인하였다. 풋고야가 떨어져 있으면 바로 옷에 대충 문질러 입으로 가져갔다. 보랏빛 완숙의 경지에 들기까지 남은 고야는 몇 되지 않았다. 고새를 못 참고 풋고야를 따먹었다. 나는 벌레가 먹기 전에 먼저 딴다는 핑계를 만들어 대곤 했다. 고야 열매를 두고 경쟁자가 많은 시절이었다. 어머니는 감탄사를 연발하며 꽃을 보았고 아버지는 그곳의 그늘에 양봉 도구를 보관할 창고를 만들었다. 나는 어린 동생들에게 말하곤 하였다. 고야 열매를 가리키고는, 거기 발린 하얀 가루들이 농약임을 강조했다. 저것이 가루 제초제를 만드는 고야고, 저 열매를 먹는 순간 즉사한다고. 물에 씻어 먹으면 되지 않을까? 땡감을 우려먹듯 끓인 소금물에 며칠 푹 담갔다 먹으면? 특히 셋째 동생은 의심이 많았다. 내가 떨어진 고야를 두 개째 먹고도 아무 탈이 없는 걸 지켜보았기 때문이다. 나는 해독제를 먹기 때문에 괜찮다고 둘러댔지만, 믿지 않는 눈치였다. 나는 해독제를 구해줄 수도 있지만 열 살이 안 된 사람에게는 되레 독이 된다고 둘러댈 때도 마찬가지였다. 사람을 의심하면 다음에 태어날 때 일벌이 된다고. 특히 가족을 의심하면 지렁이가 된다고 엄포를 놓았다. 네가 징그러운 지렁이가 되면 가족들이 어떻게 널 알아보겠냐. 네가 징그러운 지렁이와 어울려 하루라도 살 수 있겠어? 그 대목에서 셋째 동생의 눈은 슬픔으로 팽창했고, 이윽고 주저앉아 울음을 터뜨리고 말았다. 네가 울면서 반성하니 신께서 지렁이로는 안 만들어주겠다. 하지만 오늘 본 걸 누구에게라도 말하면, 너는 다음에 분명히 지렁이 중에서도 가장 징그러운 지렁이로 태어날 거야. 나는 그렇게 셋째 동생의 입단속을 해두었다.

사월의 어느 날 폐가였던 집을 보러 가서 묵정밭과 야산의 경계에 만발한 고야꽃을 보았다. 처음엔 흔하디흔한 개복숭아꽃이겠거니 여기고 마음에 두지 않았는데 풋열매를 매단 것을 보고 고야임을 알았다. 폐가는 7~8년 버려진 상태로 주위는 쓰레기 산이었고, 묵정밭은 폐하우스의 찢긴 비닐이 날려 심란했다. 치울 엄두가 안 나는 집과 주변의 쓰레기와 무너진 외양간과 창고와 폐하우스를 철거해주는 조건을 달고 구옥을 계약했다. 집과 주변을 대충 치우고 도배를 하고 장판을 깔았다. 아쉬운 대로 비만 피할 수 있다면 들어앉아 글을 쓸 수 있지 싶었다. 하지만 물이 없어 설거지는커녕 몸을 씻을 수도 없었다. 마당 귀퉁이의 변소를 사용할 때마다 두려움이 엄습했다. 하는 수 없이 수도를 놓고 보니 주방과 욕실 겸 화장실이 필요해졌다. 그나마 다행스러운 것은 온돌방이 있어 아쉬운 대로 겨울을 날 수 있었다. 목수 친구에게 최소 비용으로 집수리를 부탁하였다. 입동 무렵이 되어 공사를 강행하였다.

몇 개의 창을 추가로 주문하였고 거실의 천장을 최대치로 높여잡았다. 철거작업은 이틀이 지나지 않아 끝이 났다. 그해 겨울은 혹한의 날들이었다. 바닥을 뜯어내고 생각해 보니 나무를 때면서 겨울을 날 자신이 없어졌다. 온돌방 하나만을 남기고 보일러를 놓기로 하였다. 기왕 고칠 거면 전체 균형을 잡는 쪽으로 가닥을 잡는 게 어떠냐는 주위의 의견에 귀가 솔깃해졌다. 나중에는 굴뚝까지 고치고 보일러실까지 방처럼 꾸미기에 이르렀다. 한 달이면 끝날 것이라 예상한 수리 기간은 여섯 달로 늘어났다. 차라리 싹 밀어버리고 새로 짓자는 친구의 말이 정답이었다. 스트레스를 받아 열 살쯤 더 먹은 것 같은 봄이 왔고 얼어 죽지 않을까 걱정했는데 고야꽃이 핀 것이 유일한 위안거리가 되었다. 고야는 살아서 꽃을 피웠다. 감당할 수 없는 가지를 스스로 죽여 감당할 수 있을 만큼 꽃을 피웠다. 그 겨울엔 동네로 들어오는 수도관이 얼어 수돗물이 나오지 않았다. 일을 마친 목수들이 온수가 나오는 시내의 모텔로 나간 뒤 혼자 남아 온돌방에서 고야꽃을 보았다. 그동안 감당하지 못한 일을 지지르고 회피하기 급급했던 지난날의 나를 돌아보았다.

고향에서 본 나무와 꽃을 하나씩 집주변에 심기 시작했다. 탱자나무 사철나무 무화과나무 엄나무 살구나무 박태기나무 모과나무 석류나무 앵두나무 가시오가피나무 화살나무 보리수나무 배롱나무 돌배나무 생강나무 남천 고욤나무 사과나무 배나무 매화나무 산수유나무 대추나무 대나무 호두나무를 텃밭 둘레에 목책을 만들고 심었다. 꽃밭을 만들고 겹삼잎국화 해국 도라지 부추 머위 진달래 철쭉 봉숭아 칸나 백합 목화 잔대 창출 맨드라미 분꽃 소국을 구해 심었다. 나무와 꽃을 보면서 잊힌 사람을 불러오고 잊히지 않는 순간과 대면할 수 있었다. 시간과 공간이 나무와 꽃을 통해 겹치고 합쳐지고 있었다.

고야꽃이 피면, 고야꽃이 피면, 백신 접종 후유증으로 입원한 친구를 문병한 적이 있었다. 이젠 전화 받을 힘도 남지 않았다 말하는, 그의 쓸쓸한 표정이 떠나지 않았다. 그는 작업실 고야를 옮겨 심을 때 도와준 조경 전문가였다. 어머니와 아버지를 차례로 떠나보낸 그가 내 눈을 올려보며 힘겹게 말했다. 그래도 부모님 뵈러 자주 찾아가 봐라. 어머니 돌아가시고 땅이 꺼지더니 아버지 돌아가시고 하늘이 사라지더라. 꽃이 피기 전에. 전화라고 한번 더 해봐라.

살얼음이 낀 술

●

　그의 집에서 열리는 출판기념회에 참석하였다. 우연한 일이었다. 그 전에 우리는 일면식도 없는 사이였다. 어떻게 그의 집에까지 가게 되었는지 누구와 같이 가게 되었는지 가물가물하다. 땡볕이 피워 올리는 고수미리 아지랑이만이 선명하다. 요금소를 빠져나와 국도로 접어들었고, 어느 사이엔가 이면도로를 달렸다. 천(川)을 건너 천변을 따라 달린 끝에 공장 창고들로 어수선한 길가, 그의 집에 도착해있었다.
　단층 양옥은 지어진 지 오래돼 보였다. 농로와 하천 사이의 집은 두 채였다. 농로 쪽 집에서 장모가 살고 하천 쪽 집에서 그의 부부가 살았다. 집 앞엔 제법 모양새를 갖춘 밭이 있었는데 그곳에서 장모님이 농사를 지었다. 그들 부부는 맞벌이하고 있어 사내아이 둘을 돌보는 일도 장모의 몫이었다.
　그는 하천 쪽 밭 귀퉁이에 솥을 걸고 국을 끓였다. 불붙은 각목을 아궁이로 밀어 넣는데 붉고 검은, 어떤 짐승의 등껍질이 달궈졌다 숯검정이가 되는 환상을 보았다. 갈라지고 부스러져 재가 될 불길을 피해 하천 둑에 쪼그려 앉았다. 거나하게 취한 그가 술잔을 들고 옆자리에 와 앉았을 때 바로 앞 물소리가 아득하게 들려왔다.

 그는 아이들의 공부 때문에 아파트로 거처를 옮겼지만, 지금도 그곳의 늙은 양옥 옆 작업실에서 글을 쓰고 있다. 우리가 처음 쭈그리고 앉아 술잔을 주고받던 자리에 작업실을 지었다. 작업실이라야 비좁은 양옥에서 샌드위치 패널을 이어 붙인 증축 가건물이었다. 그는 거기서 서예를 하고 책을 읽고 글을 쓰고 물소리를 들었다. 그의 작업실에서 새벽까지 술을 마시고 물소리를 들은 적이 있었다. 그는 꼬인 것이 없는 사람이어서 아무리 술을 마셔도 탈이 나지 않았다. 새벽까지 술을 마시고도 아침밥을 챙겨 먹고 출근하는 사람이었다. 비슷한 연배 중에 그보다 술을 자주 많이 마시는 사람도 드물었다. 그런데도 그에 관한 나쁜 소문은 들려오지 않았다. 그와 함께하는 술자리는 유쾌해서 속을 뒤집는 일이 생기지 않았다. 술을 그 정도로 마시고 다니면 집사람의 타박이 하늘을 찌를 텐데도 그는 술 때문에 문제를 일으키지 않는 사람이었다. 할 일을 다 하면서 하고 싶은 일을 하는 사람이 그였다.

 그의 얼굴이 떠오를 때면 한 장의 사진을 꺼내 보곤 한다. 그곳의 시외버스터미널 민물 어물전의 물비린내와 어긋나있는 새시문을 단 대합실 풍경이 그것이다. 돌아갈 수 없는 그 풍경이 그리울 때면 가끔 그에게 전화를 걸어본다. 그는 밤 열 시만 되면 핸드폰 전원을 꺼버리고 어디론가 잠적한다. 술을 마시지 않고 일찍 집에 들어갔거나 밖에서 술을 마시는 데 집중하기 위해서이다. 어쩌다 전원을 끄는 걸 깜박할 때가 있는데 대부분은 왁자지껄한 술자리의 소음이 쏟아지기도 전에, 야 윤학아, 지금 어디냐? 얼굴 대비 유난히 흰 그의 치아가 먼저 다가오는 순간이다.

나는 그가 내어준 늙은 의자에 앉아 그의 웃음 뒤에 숨은 고독과 방황과 불행을 읽기 시작했다. 그의 시를 통해 천천히 윤곽이 잡힐 때까지 그의 의자를 읽고 싶었다 그는 우회하거나 지나쳐가거나 지름길을 택하는 대신 정면 돌파해 목적지로 나가는 중이었다. 고독과 방황과 불행은 그에게 짐이 아니라 앞으로 나가는 힘이 되어 줄 것이었다. 고독을 옮기고 방황을 옮기고 불행을 옮기는 그의 작업실에서 여러 날을 머물렀다. 그와 동행하는 물소리와 웃음소리와 잉어의 파닥거림과 곪아 터진 상처를 안고 겨울 벌판을 떠도는 개의 의지와 주막에서 주막으로 걸음을 옮기는 그의 입김과 등을 밀어주는 바람 소리를 듣고 보고 느꼈다. 그때는 치아가 덜덜 떨리는 겨울밤이었다. 그와 마주 앉아 도기 소주잔을 부닥쳐 불을 만들고 싶었다.

움막

●

　나보다 일찍 잠들면 절대 안 돼요 외국인여자가
늙수그레한 남편의 등을 향해 돌아누우며 속삭였다
오늘은 앞니 두 개가 저절로 빠진 남편의 상실감을
무엇으로도 채워줄 수 없어 심란한 여자는 남편의
등골 오른편에 난 양성 종양을 문지르면서 덧붙였다
우리가 잠들고 나면 갈림길이 나온다는데 나는 언제
까지나 당신이 가는 길을 지켜보고 있을 거예요 그
러니 당신이 어디로 가든 당신의 등은 내게로 향해
있을 거예요 너무 외로워하지 마세요 당신이 먼저
떠나고 당신이 그린 그림에 비가 내린 아침이 온다
해도 나는 당신과 겸상해 아침밥을 먹을 거예요 당
신이 그린 내 얼굴이 당신을 보고 웃었듯이 라면이
끓기 전 앞니에 부딪쳐 계란을 깨던 당신의 습관을

따라하게 되었어요 수크령이 자란 오솔길을 당신 앞에 서서 걸을 거예요 당신이 얼굴을 간질이던 웃음을 떠올릴 거예요 당신은 또 다시 한 줌의 참소리쟁이를 훑어 내 남방 등을 들추고 넣어주겠지요 당신은 등을 돌리고 달아나겠지만, 나는 당신이 그리지 못한 그림을 마저 그릴 거예요 저녁이 되면 당신의 그림들을 폐등대를 향해 걸어둘 거예요 당신은 나보다 더 오래 내게 다가온 사람이에요 나는 당신이 사용한 마우스피스를 알고 있어요

—시, 「폐등대」 전문

동산에 오솔길이 생겼다. 꿈틀거리며 동산을 넘어가고 내려오는 오솔길을 걸었다. 아름드리 팽나무 근처 움막 터를 잡은 그들은 볏짚을 썰어 넣고 황토를 버무려 흙벽돌을 찍어냈다. 잡목을 베어 껍질을 벗겨 말렸다. 그들의 임시 거처 몽골 텐트 주변에 고추잠자리 떼를 지어 날았다. 동산 너머 사람이 떠난 어촌과 어항과 등대가 보였다. 무인도에 산다는 바다제비가 찾아와 절벽에 둥지를 짓고 새끼를 쳐 돌아갔다. 그들은 모터보트를 타고 육지로 나가 이삿짐을 실어 날랐다. 자급자족할 만큼 동산을 개간해 텃밭을 만들었고 모터보트를 타고 바다에 나가 물고기를 잡았다. 정남향에 태양광 전

지판을 설치한 그들은 12V LED 등을 켜고 살았다. 그들의 도란거리는 목소리가 오솔길을 따라 동산을 오르내렸다.

코스모스

●

　집 주위를 돌아다니며 코스모스를 솎아 마당 귀퉁이에 옮겨심기했다. 장맛비에 웃자란 풀과 경쟁한 코스모스가 꽃을 피우고 있었다. 미안한 마음에 마당의 풀을 뽑고 도랑을 파 물골을 만들었다. 코스모스에게 간격을 넓혀주고 하늘을 열어주었다. 고개를 놀리고 얼굴을 살짝 가리고 수줍게 웃는 첫사랑 소녀가 돌아왔다. 방충망으로 밀려 들어오는 풀벌레 소리가 서글퍼졌다. 중년 남자는 귀뚜라미 소리를 들으면, 이미 나이를 한 살 더 먹은 거라고 한 동료 시인의 쓸쓸한 목소리도 들려왔다. 잠이 안 와 열 걸음이 될까 말까 한 마당의 코스모스 길을 반복해 걸었다. 땅보다 하늘이 훨씬 많았다고 노래한 동료 시인의 시구절이 떠올랐다. 배낭에 든 텐트를 짊어지고 역주행으로 국도를 걷고 싶은 충동이 불현듯 일었다.
　아침이슬에 젖은 코스모스 꽃봉오리에 코를 대보았다. 그리운 사람에게 살금살금 다가가고 싶어졌다. 피지 않은 코스모스 꽃봉오리를 따 얼굴에 터뜨리고 싶어졌다. 코스모스 농축 향이 얼굴에 퍼진 잠깐이라도, 예전의 모습으로 돌아가 활짝 웃지 않을까 생각해보았다. 가까운 사람과 너무 멀리 떨어져 살았다는 생각이 들 때마다 코스모스꽃처럼 이리저리 하늘을 바라보게 되었다.

어느 해 이맘때, 나는 7번 국도를 따라 걸었다. 모자를 눌러쓴 남자와 딸이지 싶은 어린아이가 자전거를 타고 나타났다. 해안 쪽으로만 코스모스가 피어 있었다. 자전거 보조 의자에 어린 딸을 앉힌 아비는 역주행으로 달리고 있었다. 아이는 양손을 아비는 한 손을 내밀어 코스모스를 쓰다듬고 있었다. 뭐가 그리도 좋은지 둘 다 해맑게 웃는 낯이었다. 페달을 밟을 때마다 체인 집이 긁히는 소리가 들려왔다. 시외버스가 달려와도 그들의 웃음은 멈추지 않았다. 버스는 코스모스를 헤치고는 가까스로 다가와 그들을 피해 달아났다. 아비의 모자가 날아가고 가발도 날아갔다. 자전거를 세운 아비가 가발을 잡으러 따라가고 아이는 모자를 따라갔다. 허둥지둥 가발과 모자를 눌러쓴 아비와 딸아이가 서로를 마주 보고 웃고 있었다. 그들의 자전거 짐칸에 제수용 북어포가 고무 바에 묶여 있었다.

누구나 순간마다 돌아가고 싶은 시절이 있을 것이다. 아무리 불행한 사람이라도 한순간의 행복 때문에 기나긴 불행을 견딜 수 있는 것이리라. 지금 불행하다고 느끼기 때문에 행복을 꿈꿀 수 있는 것이리라. 코스모스 꽃잎을 보면 천천히 프로펠러가 돌아가고, 어느 순간 헬리콥터가 불행한 나를 태우고 이륙할 것만 같은 착각에 빠지게 되었다.

　나를 잃어버렸기 때문에 불행이 시작된 것인가 돌아보았다. 나를 온전히 지켜내지 못했기 때문에 욕망의 노예로 살아있는 게 아닌가? 그동안의 불행을 한꺼번에 보상해주고도 남을 만큼의 행복을 기대하고 무작정 버텨내는 게 삶일까? 누구의 자식이면서 누구의 형제이고 부모이고 친구인 삶. 대체 인간답게 사는 게 어떤 것인가. 하나하나 꽃잎을 떼어내면 아무것도 아닌 지금의 내 모습이 나올 것 같아 두렵다. 온전히 꽃잎을 지켜내야 씨앗을 맺을 것 같은 코스모스를 보면서 물어본다. 언제 바람은 불어오고 우리는 언제 웃을 수 있는가.

　고향 집에서 돌아오는 길이었다. 폐교 위기에 내몰린 중학교 앞 과속 단속 카메라에서 속도를 줄였다. 경운기 한 대가 속도를 줄여 코스모스 핀 길을 역주행해 오고 있었다. 덕분에 나는 속도를 더 줄이고 그들을 자세히 볼 수 있었다. 경운기 짐칸엔 고무대야와 물 주전자, 가스버너와 찜통, 밥그릇 국그릇, 말아서 묶은 포장이 실려 있었다. 참깨를 털러 가는 모양이었다. 농사꾼 부부는 경운기 의자에 사료 부대를 겹으로 깔고 앉았다. 서로에게 머리를 기대고 무슨 말인가를 속삭이고 있었다. 자외선 차단 모자 차양 속에서 흰 치아가 빛나고 있었다. 내가 지나온 모든 코스모스 길은 사라지고 없었다. 백미러에서 젊은 농사꾼 부부의 모습이 작아지고 있었다. 그들은 내가 바라본 사람 중, 가장 크고 찰지게 빛나는 치아를 가지고 있었다.

남천(南天)

●

  몇 해 전에 서양 난을 선물 받은 적이 있었다. 꽃이 시들어 화장실 구석에 갖다 놓은 화분에서 남천이 살아있었다. 시든 서양 난을 뽑아버리고 테라스에 화분을 내다 놓았다. 이틀에 한 번꼴로 물을 뿌려주고 푸름을 바라보았다. 지친 몸과 마음에 푸름이 들어와 생기가 도는 느낌을 받았다. 물뿌리개로 뿌리는 물줄기가 남천에 닿아 죽은 세포들이 살아나는 느낌이었다. 화분 곁에 쭈그리고 앉아 심호흡도 해보았고 눈을 질끈 감았다 뜨면서 해바라기를 하였다. 잠깐씩 하는 것이지만, 어디 가서 일주일쯤 푹 쉬고 돌아온 느낌을 받았다.

  지지난 겨울이었다. 한파가 기승을 부리고 자주 폭설이 내리곤 하였다. 테라스에 내놓은 남천을 잊어버리고 말았다. 봄이 돼서야 테라스에 나가보았다. 남천은 시든 잎을 달고 있었다. 나뭇가지를 꺾어보았는데 말라비틀어진 상태였다. 죽은 것이 분명해 보였다. 순간 자괴감이 들었다. 그동안 무엇을 했는지 돌아보게 되었다. 컴퓨터 화면에 글자를 열심히 채우고 지우는 것 말고는 한 것이 별로 없었다. 조그만 나무 한 그루 챙기지 못한 나에게 슬그머니 화가 나기도 했다. '글을 쓴다는 것은 사람들에게 새싹을 하나씩 나누어주는 것이 된다.'라고 한 롤랑 바르트의 말이 떠올랐다. 나는 그날부터 남천에게 물을 뿌리기 시작했다. 날이 따뜻해지면 새순이 돋아날 거란 실낱같은 기대를 버리지 못한 채 물 뿌리기를 계속했다.

남천 화분을 챙겨 차에 싣고는 치악산 금대계곡에 쉬러 가곤 했다. 그곳에는 화전민이 버리고 간 움막에서 혼자 사는 사람이 있었다. 그는 도시 생활을 정리하고 십여 년간 그곳에서만 줄곧 살았다. 뜬금없이 시가 뭐냐고 묻자 그는 망설임 없이 대답했다. '고독에서 쾌감 찾기요.' 그가 내어준 방 한 칸에 작업실을 꾸몄다. 벌써 7~8년이 지난 일이었다. 나는 거기서 글 한 편 쓰지를 못했다. 기껏해야 도시에서 쓴 초고를 챙겨와 정리하는 게 고작이었다. 나도 모르는 사이 도시 생활에 길들어 여유를 잃어버린 채 살고 있었다.

어느 날, 화분의 남천에게서 새순이 돋아났다. 얼마 가지 않아 예전의 세력을 회복했다. 남천에게 물을 뿌려주는 일이 꼭 내가 쓴 글에 숨을 불어넣는 것 같았다. 하루에 한 번 남천에게 물을 뿌려주고 볕을 쬐게 하듯 내가 쓴 글을 고쳤다. 아무리 바빠도 아무리 피곤해도 그 일만큼은 거르지 않았다. 습관이 되니 그 일을 거르면 하루를 헛산 느낌을 받았다. 남천 곁에 앉아 숨을 쉬었다. 나는 줄곧 죽은 세포까지 살려내는 글을 쓰고 싶었다.

시는 잠시라도 한눈파는 걸 용납하지 못하는 애인이다. 방금까지 같이 있다고 믿었는데 어디로 도망갔는지 알 수 없는 애인과 같았다. 남천도 그와 다르지 않았다. 겨울이 오기 전에 이사하고 이 주쯤 구석에 처박아 두었는데 잎이 다 시들어 있었다. 이사한 건물엔 테라스가 없어 하는 수 없이 남쪽 창가에 화분을 올리고 물을 주었다. 그런데도 아직 살아날 기미가 없었다. 책을 내고 글을 돌보지 않은 지 한참 되었다. 감각을 찾기 위해선 밧줄을 움켜잡고 사력을 다해 절벽을 올라야 하는데 그때마다 막막하기만 하였다. 책을 냈다고 글을 내려놓은 게 잘못이었다. 다시 글을 쓰기 위해서는 허허벌판을 헤매야 하고 고독을 온전히 즐겨야 한다. 그래야 무엇과도 바꿀 수 없는, 잠깐 머물다 가는 압축적인 쾌감을 느낄 수 있다.

몇 주째 주말마다 치악산 금대계곡 작업실에 갔다. 곰팡이가 슨 벽지를 뜯어내고 페인트칠했다. 실리콘을 쏴 바람구멍을 막았다. 장작 난로를 피워 습기를 말렸다. 전등과 전축이 전부인 작업실에 들어오니 제법 자세가 잡힌 모양새다. 스마트폰과 컴퓨터와 TV에서 벗어나니 무인도에 도착해 간신히 움막을 짓고 들어앉은 느낌이다. 노트와 연필과 연필깎이만 남은 책상에 앉는다. 더디고 불편하더라도 당분간은 노트에 연필로 글을 써볼 생각이다.

봄이 오면 화분의 남천 가지에 새순이 돋아날 것이다. 땅이 풀리면 작업실 근처 냇가에 남천을 옮겨 심을 것이다. 스스로 꽃을 피우고 붉은 열매를 맺을 수 있도록 내버려 두고 지켜볼 것이다.

시를 써봐도 모자란 당신

초판발행	2022년 07월 07일

지 은 이	이윤학
책임편집	성민주
디 자 인	임고운
마 케 팅	성홍진
펴 낸 이	이윤학
펴 낸 곳	간드레

등록번호	제144호(2019년 6월 3일)
주 소	안동시 도산면 영양계길 83-10
편 집	서울시 서초구 서초중앙로 95, 5층
전 화	02)588-7245, 010)5369-7245
메 일	candleprint@naver.com

ISBN 979-11-971559-7-0 04810
　　　 979-11-971559-3-2 (세트)

ⓒ이윤학, 2022, printed in andong, korea

이 책의 판권은 지은이와 간드레에 있습니다.
양측의 서면 동의 없는 무단 전제 및 복제를 금합니다.
잘못된 책은 바꾸어드립니다.

• 본 사업은 '경북 예술인 창작활동 준비금 지원사업'의 후원을 받아 진행되었습니다.